FRANKFURTER BIBLIOTHEKSSCHRIFTEN Band 15 · 2010

Clemens Köttelwesch, Vorsitzender von 1984 bis 1988

Bibliothek im Wandel

Fünfundzwanzig Jahre Freunde der Universitätsbibliothek Frankfurt am Main

VITTORIO KLOSTERMANN FRANKFURT AM MAIN

Bibliographische Information der Deutschen Nationalbibliothek
Die Deutsche Nationalbibliothek verzeichnet diese Publikation in der Deutschen Nationalbibliographie; detaillierte bibliographische Daten sind im Internet über http://dnb.d-nb.de abrufbar.

Frankfurter Bibliotheksschriften
Herausgegeben von den Freunden
der Universitätsbibliothek Frankfurt am Main e. V.
Band 15

Druck: Henrich Druck + Medien Frankfurt am Main
ISBN 978-3-465-03712-5
ISSN 1612-7714

Inhalt

Walter Greisner
Geleitwort 1

Klaus Ring
Festansprache 5

Christoph Perels
Vom güldenen ABC zum E-Book 15

Berndt Dugall
Vom Wandel einer Hochschulbibliothek 37

Hilmar Hoffmann
Rolle und Bedeutung von Mäzenen beim Aufbau der Frankfurter Bibliotheksbestände 51

Berichte aus den Spezialabteilungen

Jochen Stollberg: Archivzentrum 63

Bernhard Wirth: Abteilung Frankfurt/Seltene Drucke 75

Bernhard Tönnies: Handschriftenabteilung 85

Rachel Heuberger: Judaica-Abteilung 95

Ann Kersting-Meuleman: Musik- und Theaterabteilung 103

Verzeichnis der Vorträge 115

Verzeichnis der Publikationen 127

Walter Greisner, Vorsitzender von 1989 bis 2003

Geleitwort

Während der Vorbereitungen zu der 500-Jahrfeier unserer Bibliothek, damals führte sie noch den Namen „Stadt- und Universitätsbibliothek“, entwickelte deren Bibliotheksdirektor Klaus-Dieter Lehmann die Idee, für sie eine Fördergesellschaft zu gründen. Mit seinem Vorschlag machte er einige Freunde aus verschiedenen Tätigkeitsbereichen Frankfurts vertraut. Als er mich anrief und um Mitwirkung bat, ließ er meinen Hinweis nicht gelten, daß ich mit dem Bibliothekswesen nicht verbunden sei. Er fragte mich nur, was denn die Bücher in unseren Bibliotheken lesbar mache. Als gelernten Schriftsetzer und damaligen Vorstand der Schriftgießerei D. Stempel AG hatte er mich damit sogleich gefangen, denn er wußte, daß wir nicht nur die bekannten Bleisatzschriften für den Druck herstellten, sondern im Markt bereits führend in der Herstellung von Schriftträgern für den neuen Foto- und Digitalsatz waren. Von Hartwig Kelm, seinerzeit Präsident der Universität Frankfurt am Main, wußte er ferner, daß ich für die Gestaltung eines modernen Erscheinungsbildes der Johann Wolfgang Goethe-Universität Frankfurt am Main den international anerkannten Schweizer Schriftkünstler Adrian Frutiger empfohlen hatte. Als Hausschrift der Universität hatte Frutiger die seinerzeit von ihm für die Schriftgießerei Deberny & Peignot, Paris entworfene Antiquaschrift „Meridien“ vorgeschlagen und als Bildmarke den von ihm gestalteten Entwurf des Kopfes vom jungen Goethe. Dieses Bild hat sich inzwischen als prägendes Identitätsmerkmal der Universität Frankfurt durchgesetzt. Am 2. November 1984 gehörte ich dann zum ehrenwerten Kreis der zehn Gründungsmitglieder unserer Gesellschaft.

Unser gemeinnütziger Verein hat sich zum Wohle der Bibliothek sehr gut entwickelt. Besonders bei der Anschaffung wichtiger Werke, die unserer Universitätsbibliothek bisher fehlten, konnten wir tatkräftig helfen. Hinzu kamen auch die Leistungen einzelner Bürger. Als Beispiel möchte ich Frau

Christa von der Marwitz hervorheben, die unserer Bibliothek ihre bedeutende Sammlung von Kinderbüchern überließ; sie wurden von ihr und Frankfurter Vorfahren durch alle Notzeiten hindurch gesammelt, gerettet und ergänzt.
Da Frau Christa von der Marwitz schon im Goldenen Buch der Stiftungen der Stadt Frankfurt mit ihrem eigenen Namen steht, ernannten wir sie 2004 als Erste zum Ehrenmitglied unserer Gesellschaft.
Vergegenwärtigt man sich, wie viele Fördergesellschaften in Frankfurt für die unterschiedlichsten Institutionen seit langem bestehen, so konnten auch wir in den vergangenen 25 Jahren für den weiteren Ausbau unserer Bibliotheksbestände Wichtiges leisten. Unser Mitgliederbestand blieb annähernd erhalten, dank des Interesses an den von uns in der Bibliothek veranstalteten Vorträgen und Ausstellungen. Wenn auf dem Campus Westend das neue Bibliotheksgebäude errichtet werden wird, so hoffen wir, daß darin geeignete Vortrags- und Ausstellungsräume verfügbar sein werden.
Warum habe ich mich gern für die Belange unserer Bibliothek eingesetzt? Dazu eine Erinnerung: Weihnachten 1944 erhielt ich meinen „Reifevermerk“. Nach dem 2. Weltkrieg war dieses Papier zum Studium nicht ausreichend. In einem „Sonderkursus für Kriegsteilnehmer“ holte ich das Abitur nach. Als Angehöriger des Jahrgangs 1928 wurde ich jedoch nicht sogleich immatrikuliert. Mein Vater riet mir daraufhin, zunächst ein „Handwerk“ zu erlernen, was ich übrigens nie bereute. Als ich danach in Köln und Hamburg Jura studieren konnte, war für mich die Bibliothek – besonders in den kalten Wintermonaten der Nachkriegszeit – wie ein Zuhause. Hier konnte ich in Ruhe arbeiten, meinen Lesehunger auch in anderen Fächern stillen.
Vielleicht erinnern sich auch andere an ihre Studien- und Examenszeit, wie ihnen die UB geholfen hat, und entschließen sich, Mitglied zu werden bei den Freunden der Universitätsbibliothek Frankfurt am Main.

Ich freue mich besonders, daß mit der nun vorliegenden kleinen Schrift das 25jährige Bestehen unserer Gesellschaft auch dauerhaft in Erinnerung bleiben kann und daß vor allem der Festvortrag von Christoph Perels nun einer breiteren Öffentlichkeit zugänglich gemacht werden kann – ähnlich wie die Festansprache von Hilmar Hoffmann aus Anlaß unseres zehnjährigen Bestehens.

Walter Greisner

Klaus Ring, Vorsitzender seit 2003

Klaus Ring
Festansprache des Vorsitzenden*

Meine sehr geehrten Damen und Herren,

die Stadt- und Universitätsbibliothek Frankfurt am Main bei ihren umfassenden Aufgaben zu unterstützen und das Bewußtsein ihrer Bedeutung zu fördern – das sind die beiden Kernaufgaben unseres gemeinnützigen Vereins, wie sie Klaus-Dieter Lehmann, der damalige Direktor der Stadt- und Universitätsbibliothek und heutige Präsident des Goethe-Instituts, vor 25 Jahren in die Satzung geschrieben hat.
Damals, 1984, verfügte die Universitätsbibliothek natürlich auch schon über leistungsfähige Angebote. Sie war unter der Leitung ihres auch heute noch hochgeschätzten Bibliothekars Clemens Köttelwesch nach schweren Kriegs- und Nachkriegsjahren gut aufgestellt und auf ein hohes Niveau gebracht worden. Aber welche Bibliothek konnte – und kann heute – sich damit begnügen, von sich selbst überzeugt zu sein, daß alles zum Besten stünde. Sie nimmt als Dienstleister eine zentrale Rolle ein. Denn die Arbeitsfähigkeit der gesamten Universität wird durch sie und ihre Leistungsfähigkeit ganz wesentlich mitbestimmt und im Übrigen gelegentlich leider auch limitiert. Daher hat Klaus-Dieter Lehmann recht gehabt mit seiner Idee, die Gründung eines Fördervereins für die Bibliothek neben der Vereinigung der Freunde und Förderer der Universität (die im Übrigen vorsichtshalber gleich zusammen mit der Universität 1914 ins Leben gerufen wurde) anzuregen.
Nach den schwierigen Jahren ab 1968 war die Universität wieder reif geworden, sich ihres bürgerlichen Umfeldes zu erinnern (und umgekehrt), aus dem sie seit ihrer Gründung 1914 so viel Unterstützung bekommen hatte.

* Für den Druck überarbeitet

So wurde am 2. November 1984 der Verein gegründet. Dazu hatten sich Frankfurter Bürger zusammengefunden, die sich in bester städtischer Tradition nicht nur der Universität verbunden fühlten, sondern auch bereit waren, sich aktiv um die Förderung der Universität an einer ihrer sensibelsten Stellen, der Bibliothek, zu bemühen.

An der Gründungsversammlung nahmen neben dem Initiator Klaus-Dieter Lehmann die folgenden Personen teil:

Prof. Dr. Clemens Köttelwesch, vormals Direktor der Stadt- und Universitätsbibliothek,

Dr. Harald Heckmann, Vorstand des Deutschen Rundfunkarchivs,

Dr. Martin Cremer, Präsident der Deutschen Schillergesellschaft,

Dieter Albert, Vorsitzender des Vorstandes der Stadtsparkasse Frankfurt am Main,

Detlev Auvermann vom Auktionshaus Reiss & Auvermann,

Prof. Dr. Hartwig Kelm, seinerzeit Präsident der Universität Frankfurt am Main,

Dr. Walter Greisner, Rechtsanwalt, Vorstand der D. Stempel AG,

Prof. Hilmar Hoffmann, Kulturdezernent der Stadt Frankfurt am Main.

Protokollführer war Reiner Scholz, gelernter Jurist und seit längerem in der Bibliothek tätig. Er hatte den Satzungsentwurf entwickelt.

In den Gründungsvorstand wurden gewählt:

Dr. Clemens Köttelwesch als Vorsitzender.

Dr. Walter Greisner als erster stellvertretender Vorsitzender.

Dr. Martin Cremer als zweiter stellvertretender Vorsitzender.

Dieter Albert als Schatzmeister.

Dr. Harald Heckmann als Schriftführer.

Was mit der Gründung erreicht werden sollte war klar, der Auftrag angesichts eines dramatisch wachsenden Bedarfs an bibliothekarischen Angeboten für Lehre und Forschung mehr als plausibel.

Aber eine Universitätsbibliothek ist mehr als die Summe ihrer Bücher, als Ausleihzeiten und Serviceleistungen. Den Gründern des Vereins ging es auch darum, historisches Bewußtsein zu vermitteln und nach außen in die Stadt und ihre Bevölkerung zu tragen. Das ist nicht trivial. Noch heute wissen viele nicht, daß die Frankfurter Universitätsbibliothek mit ihren Vorläufern wesentlich älter ist als die Universität selbst. Als der Verein ins Leben gerufen wurde, war der älteste Teil der Bibliothek bereits 500 Jahre alt. Er beruhte auf einer testamentarischen Bestimmung des Ratsherren Ludwig von Marburg zum Paradies aus dem Jahr 1484, mit der dieser seine Büchersammlung dem Rat der Stadt Frankfurt übereignete. Aus der so entstandenen Ratsbibliothek wurde später die Stadtbibliothek und schließlich nach dem zweiten Weltkrieg die Stadt- und Universitätsbibliothek. Auch diesen historischen Bezug gilt es also zu bewahren.
So sind wir, meine Damen und Herren, dann geworden, was wir heute noch sind. Eine, gemessen an der Mitgliederzahl eher kleine, bescheidene, aber aktive und sehr sachverständige Gemeinschaft, die mit erstaunlicher Kontinuität ihre Bibliothek Jahr für Jahr fördert.
Darüber will ich etwas näher berichten, denn wir haben unseren Auftrag immer zu erfüllen versucht, trotz gelegentlich durchaus schwieriger Zeiten, und dazu gehört auch jene Phase, in der am Wert großer Bibliotheken für eine moderne Universität gezweifelt wurde.
Was haben wir gemacht? In § 2 der Satzung sind die Instrumentarien für unsere Tätigkeit aufgeführt:
Mittel einzuwerben für

- Ausstellungen, Veranstaltungen und Vorträge ,
- Herausgabe von Publikationen und Verzeichnissen,
- Sonderausstellungen,
- Anwendungen neuer Informationsmedien.

Was kann ich dazu berichten – in einem notwendigerweise nur ganz kurzen Überblick?

1) Veranstaltungen, Vorträge und Ausstellungen

Die Zahl der Vorträge liegt seit 1985, soweit dokumentiert, bei deutlich über 75. Viele von ihnen wurden von Mitgliedern unserer Gesellschaft, von Professoren der Universität, besonders aber auch von Mitarbeiterinnen und Mitarbeitern der Bibliothek gehalten. So entstanden überwiegend fachlich orientierte Foren, die einzelne Schwerpunkte der bibliothekarischen Arbeit beschrieben und damit auch besondere Kompetenzen in einzelnen Bibliotheksbereichen hervorhoben, dies vor allem im Hinblick auf spezielle Sammlungs- und Forschungsschwerpunkte. Diese Vorträge wurden üblicherweise in der Bibliothek selber gehalten.[1]

Immer wieder aber wurden und werden Gäste auch von außerhalb zu Vorträgen eingeladen, in den letzten Jahren gelegentlich gemeinsam mit der Polytechnischen Gesellschaft, die dann im großen Vortragssaal der Sparkasse, also inmitten der Stadt, stattfinden. Damit versuchen wir, den Interessentenkreis über die „Spezialisten" hinaus zu erweitern und als Förderverein mehr in die Stadt hinein zu wirken.

Ich will dazu 3 Beispiele geben:

In diesem Jahr kam der Justitiar des Börsenvereins des Deutschen Buchhandels, Herr Dr. Sprang, zu uns, der über die Problematik des modernen Urheberrechts, ein lebenswichtiges Thema für Verlage und Bibliotheken, sprach; unser Mitglied, der Verleger Vittorio Klostermann, selbst Fachmann hierzu, moderierte die Diskussion.

Im vergangenen Jahr konnten wir, ebenfalls mit der Polytechnischen Gesellschaft, Michael Knoche, den Direktor der Herzogin Anna Amalia Bibliothek in Weimar, für einen Vortrag gewinnen, der den durchaus doppeldeutigen Titel „Rettet die Bücher – nicht erst, wenn sie brennen" trug. Es wurde eine denkwürdige Veranstaltung, der ein Besuch in der nach dem katastrophalen Brand wiederentstandenen Bibliothek folgte.

[1] Vgl. dazu S. 115 ff.

Nicht lange zuvor hatte die Polytechnische Gesellschaft in Abstimmung mit unserem Verein den legendären ehemaligen Direktor der weltberühmten Wolfenbütteler Bibliothek, Paul Raabe, zu Gast, der vor vollem Haus einen unvergeßlichen Vortrag über den Wiederaufbau der Franckeschen Stiftungen in Halle und ihrer Bibliothek hielt.
Einer gemeinsamen Aktion zwischen Bibliothek, Universität, Land Hessen und Polytechnischer Gesellschaft verdankten wir einen exzellenten Vortrag von Professor Lack, der aus Anlaß des Erwerbs wichtiger Teilbestände der Herrenhäuser Gartenbibliothek für die Bibliothek zustande kam. Eine Auswahl dieser Erwerbung, ergänzt durch kostbare Schätze aus dem Bestand der Senckenbergischen Bibliothek und der alten Frankfurter Ratsbibliothek mit Exponaten aus dem 15. Jahrhundert konnten im Museum Giersch in einer stark beachteten Ausstellung gezeigt werden, verbunden mit einer äußerst sachkundigen Führung durch Frau Dr. Hausinger und Kollegen.
Meine Damen und Herren, das waren einige Highlights, auf die wir stolz sein können – nicht nur weil sie überhaupt stattfinden konnten, sondern weil wir eben auch stolz sein können auf die besonders kostbaren alten Buchbestände der Bibliothek, die zu den Höhepunkten europäischer Buchkultur überhaupt gehören.
Um nicht mißverstanden zu werden: Natürlich erschöpfen sich unsere Interessen nicht mit der Pflege solch bedeutenden historischen Erbes. Die Bibliothek ist höchst lebendig in ihrem Gegenwartsbezug, sonst fehlte ihr die Legitimation. Und so sind auch die Aktivitäten, insbesondere das Vortragsprogramm der „Freunde" lebendig und bemüht, in den Themen einerseits heutige, aktuelle bibliothekarische Fragen zu behandeln, andererseits aber wichtige und interessante Forschungsergebnisse aus den verschiedenen Abteilungen der Bibliothek vorzustellen, da ja auch Universitätsbibliotheken selbst Forschungsaufgaben zu erfüllen haben.

In diesem Zusammenhang sind auch die Ausstellungen zu sehen, die wir mit der Bibliothek veranstalten oder mitfinanzieren: In diesem Jahr etwa war dies neben der erwähnten Ausstellung „Die Entdeckung der Pflanzenwelt“ im Museum Giersch die Ausstellung „Parodien und Struwwelpetriaden“, im vergangenen Jahr war es die Ausstellung „Ein Amerikaner in Frankfurt am Main. Der Sozialreformer Charles Hallgarten (1838–1908)“, zu der wir das Begleitbuch veröffentlicht haben, herausgegeben von Frau Heuberger und Frau Krohn. 2006 gab es die Ausstellung „Arthur Schopenhauer und Indien“; auch hierzu gab es ein Begleitbuch, von Herrn Stollberg, dem damaligen Leiter des Schopenhauer-Archivs, herausgegeben.

Ich könnte die Aufzählung fortsetzen. Das kann ich aus Zeitgründen nicht. Ich möchte nur darauf hinweisen, daß wir uns mit unseren Interessen nicht auf Frankfurt beschränken, sondern im weiteren Umfeld umschauen, indem wir etwa alle zwei Jahre andere interessante bibliothekarische Einrichtungen oder Ausstellungen besuchen. Im vergangenen Jahr waren dies die eindrucksvolle neue Universitäts- und Landesbibliothek in Jena und, wie bereits erwähnt, die wiederaufgebaute Herzogin Anna Amalia Bibliothek in Weimar. 2007 waren wir in Marbach, um das alte und das neue, von Chipperfield entworfene, Gebäude mit den dortigen Sammlungen zu besichtigen; 2006 waren wir im Beethovenhaus und im Schumann-Haus in Bonn, – um nur die allerletzten Besuche dieser Art zu erwähnen. Denn wir erleben natürlich auch gerne anderes, lernen Neues kennen und bringen auf diese Weise Anregungen heim nach Frankfurt.

2) Zu den Aufgaben der „Freunde“ gehört nach § 2 Abs. 2 der Satzung auch die Finanzierung von Sonderanschaffungen für die Bibliothek.

Die Erfüllung dieser Aufgabe nimmt einen Großteil unserer Mittel in Anspruch. Die Liste der Anschaffungen, die ich wegen ihres Umfanges hier nicht im Einzelnen behandeln kann, ist lang, eindrucksvoll und sehr bunt, denn sie spiegelt wider, wie vielfältig die Wünsche aus den verschiedenen Abteilungen der Bibliothek sind. Es ist jedesmal etwas Besonderes, was uns vorgeschlagen wird, sei es, daß es um höchst wünschenswerte Ergänzungen bedeutender Bestände in der Bibliothek geht, die „gepflegt" oder vervollständigt werden müssen, sei es, daß es Trouvaillen sind, die unerwartet auf dem Auktionsmarkt erscheinen und für Frankfurt gesichert werden sollten, oder sei es, daß sie aus anderen Gründen dringend erforderlich sind. Gemeinsam ist allen, daß sie ohne Hilfe der „Freunde" nicht erworben werden könnten. Nicht zuletzt gehören auch Restaurierungen und andere Bestandsschutzmaßnahmen in diesen Förderbereich, bis hin zu gelegentlicher Anschaffung von Hilfsgeräten, etwa für die Restaurierungswerkstätten.

Im Rahmen des Anschaffungsprogramms wurden immer wieder erhebliche Mittel unter anderem für Judaica aufgewendet[2]. In jüngster Zeit konnten wir eine reich bebilderte Handschrift der Pessach-Liturgie, die „Barcelona-Haggada" aus dem 14. Jahrhundert, als Faksimile erwerben; zuvor waren es Segmente der Tora, die Codices Hebraicis; eine weitere Erwerbung betraf eine Pessach-Haggada aus Prag; schließlich auch Materialien aus dem Nachlaß von Leo Löwenthal.

Weitere Anschaffungen kamen der Musikalien-Sammlungen zugute: Beispielsweise eine Auswahl Venezianischer Gondellieder, geschmückt mit Holzschnitten, von Felix Mendelssohn-Bartholdi; wichtige Faksimiles unter anderem der dritten. Symphonie von Ludwig van Beethoven; der Korrekturabzug des Klavierauszuges von Humperdincks „Hänsel und Gretel"; die Mikrofiche-Edition der Georg-Philipp Telemann-Sammlung aus dem Archiv der Sing-Akademie zu Berlin. [3]

[2] Vgl. dazu S. 95 ff.
[3] Im einzelnen S. 103 ff.

Vieles andere wäre zu erwähnen.[4] Leider muß ich mir das versagen. Einige hunderttausend Euro werden es immerhin gewesen sein, die die „Freunde“ für Anschaffungs- und Restaurierungszwecke ausgeben konnten.

3) Last but not least: Erheblichen finanziellen und auch verlegerischen Aufwand erfordert nicht zuletzt die Herausgabe der Reihe der „Frankfurter Bibliotheksschriften“, die in Zusammenarbeit mit dem renommierten und uns verbundenen Klostermann-Verlag ermöglicht wird. Seit 1987 sind 14 Bände erschienen.[5] Bei einem Durchschnittsaufwand von 5.000,- Euro pro Band sind bisher rund 70.000,- Euro durch die „Freunde“ zur Verfügung gestellt worden. Auch darauf sind wir ein wenig stolz!

Es ist nun nicht an mir – oder an uns – die Arbeit unserer Gesellschaft während der 25 Jahre, die hinter uns liegen, zu würdigen. Ich bin hier nur Berichterstatter. Aber soviel möchte ich doch sagen, daß wir unserer Bibliothek manche Unterstützung vermitteln konnten; daß wir alle das aus einem ganz ursprünglichen Interesse an der Sache, vielleicht auch aus Leidenschaft, oder sogar Liebe zu Büchern getan haben – im Übrigen eher in der Stille, denn den großen Auftritt haben wir wahrlich nicht gesucht. Bibliothekaren liegt solches eher fern. Dennoch hätten wir gerne noch einen besonderen Wunsch umgesetzt: mit einer Dauerausstellung auf dem so schön gewordenem Campus Westend der Universität auf die Schätze aufmerksam zu machen, über die unsere Universitätsbibliothek einschließlich der Senckenbergischen Bibliothek verfügt, und im Zusammenhang damit auf die Bedeutung, die modernes Bibliothekswesen für Lehre und Forschung immer noch hat und auch behalten wird. Damit sollten nicht Eulen nach Athen getragen werden. Wir alle wissen ja, was wir haben. Aber es ist sicher nicht allein

[4] Zum Archivzentrum siehe S. 63 ff., zur Abteilung Frankfurt S. 75 ff., zur Handschriftenabteilung S. 85 ff.
[5] Gesamtverzeichnis siehe S. 127 f.

meine eigene Erfahrung, daß das Thema der Bibliotheken generell – auch bei der an der Universität ja durchaus interessierten Öffentlichkeit – eher aus der Distanz betrachtet und zumeist allein instrumentell gesehen wird. Daß Bibliotheken die wichtigsten Zeugen unserer gesellschaftlichen, wissenschaftlichen und kulturellen Entwicklungen und insofern auch unser kulturelles Gedächtnis sind, müßte gerade im Zeitalter der Informationstechnologie viel unmittelbarer ins Bewußtsein der Öffentlichkeit gebracht werden. Nur wenn dies gelingt, können wir vermitteln, welch zentrale Einrichtungen unsere Bibliotheken für uns, für die Universitas Litterarum, sind und daß auch sie Förderung durch öffentliches Interesse verdienen. Dazu aber müssen wir, muß die Bibliothek, aus dem Ghetto heraus und auf die Menschen zugehen. Die Universität erfreut sich mittlerweile vieler einflußreicher, aufgeschlossener Gäste und einflußreicher Freunde, die fast Tag für Tag den Campus Westend besuchen und sich über die Entwicklung dort freuen. Was liegt eigentlich näher, als die Besucher, quasi im Vorbeigehen, auch mit dem vertraut zu machen, was unsere Bibliotheken sind, was sie leisten, und welche Schätze sie beherbergen, nicht anders als bestaunte Museen, deren Exponate von antiken Sammlungen bis in die Gegenwart reichen.

Christoph Perels

Vom güldnen ABC zum E-Book – die Lesewelt des Bürgers*

I.

Es sind nun 40 Jahre vergangen, daß Marshall McLuhan 1968 das „Ende des Buchzeitalters" ausrief. Aber was bedeuten schon 40 Jahre?

Wer nicht von dreitausend Jahren
Sich weiß Rechenschaft zu geben,
Bleib' im Dunkeln unerfahren,
Mag von Tag zu Tage leben.

So dichtete der Heros Patronymus unserer Johann Wolfgang Goethe-Universität und unserer Universitätsbibliothek 1818 im ‚West-östlichen Divan', das ist nun auch schon wieder 190 Jahre her – und wahr geblieben.

Wir müssen aber noch erheblich weiter zurückblicken als 3.000 Jahre, nämlich 5.000 Jahre. Aber beginnen wir erst einmal mit 1.300 Jahren, blicken wir in die Zeit, als eine deutsche Schrift- und Lesekultur ihren Anfang nahm.

Damals, um 780 nach Christus, schreibt ein Mönch auf, wie sich wohl ein Mäzen, also auch ein Freund unserer Universitätsbibliothek, in deutscher Sprache beschreiben ließe, und er tut es in Anlehnung an das Lateinische, das das Alles natürlich schon seit vielen Jahrhunderten ausdrücken konnte. Eine solche mäzenatische Persönlichkeit ist *„thihendi"* – excellens und *„stati hoheru"* – excelso loco, aber auch *„kikhoran"* – elegans. Sie weiß im Gespräch zu *„kikhunten"* – indicare – und zu *„spanan"* – suggerere; sie *„pihoahat"* – inlusit – aber auch, und *„pismeret"* – inrisit –, womit sie die Geister belebt und *„iruuegkhit"* – incitat. Bestrebt, die *„armoti tholenti"* – penuriam patientes – , also gewiss die Bibliotheken, *„za hohidu"* – ad culmina – zu führen, *„piplichta"* – claruit –

* Für den Abdruck überarbeitete Fassung des Festvortrags

die Köpfe, *„piliuhta"* – eluxit – die Probleme und *„stozzot edho zeikod"* – stimulat – die geeigneten Lösungen. Dazu gehört mitunter auch, Irrwege zu *„farwazzan"* – recusare – und Risiken zu *„piperkan"* – evitare. *„Kiniumes"*, schreibt er auf, der Mönch, – renovamus – , eine Sache, zu der sich Mäzen und Bibliothekar verbünden. Und um das Urteil jederzeit ungetrübt zu halten, notiert er sich die Wendung *„ano fruma"* – sine affectum. Sie bemerken, meine Damen und Herren, aller Anfang ist schwer, und mit dem Latein unseres alten bayrischen Landsmanns ist es nicht zum besten bestellt. Immerhin weiß er, wie später auch Goethe, daß aufklären, klären und erheitern eng zusammengehören, hätte er sonst *„heidirit"* neben „clarit" gestellt? So beschreibt einer um 780, im ältesten deutschen Buch, am Beginn unserer Literaturgeschichte Wesen, Bestrebungen und Wirkungen jener Männer und Frauen, die helfen und zupacken und ohne die weder damals noch heute noch überhaupt irgendwann etwas Rechtes gedeihen kann. Dieses uralte Buch heißt nach seinem ersten Wort „Abrogans" – *dheomodi* -, demütig und bescheiden.

Der große Ethnologe des vorigen Jahrhunderts Claude Lévi-Strauss teilte die über den Erdboden verstreuten Menschheitskulturen in zwei große Gruppen ein: in solche, die Schriften entwickelten und über sie verfügten, und in solche, die ihre Kulturen ohne Schrift entwickelten und weitergaben. Mit ihrer Christianisierung traten die germanischen Stämme in die bereits 1.000 Jahre alte lateinische Schrift- und Buchkultur ein, differenzierten sie aus und führten sie gemeinsam mit den Kelten und den Slawen sowie einigen anderen Völkergruppen bis in unsere Gegenwart fort.

II.

Freilich war auch diese lateinische Schriftkultur keine originäre Schöpfung; sie ist vielmehr Teil jener sich um das Mittelmeer lagernden vorderasiatisch-europäischen Kultur, deren Anfänge bis gegen das Ende des 4. Jahrtausends v. Chr. Zurückreichen. Das indische und das chinesische Schriftsystem sind erheblich jünger als die im südlichen Zweistromland um 3000 von den Sumerern erfundene Keilschrift, die aus einer Kombination von Silbenzeichen und Ideogrammen besteht. In ihr überlieferte Texte gehören, neben dem Sumerischen, dem Babylonischen, Hethitischen und Altpersischen an. Ihre Schriftzeichen wurden in der Regel in weichen Ton eingedrückt, und solche später erhärteten Tontafeln haben sich in großer Zahl erhalten. Sogar eine erste Persönlichkeit wird uns in ihnen greifbar, der babylonische König Hammurabi, der von 1792 bis 1750 v. Ch. regierte und von dem sich außer einem Gesetzbuch, dem ‚Codex Hammurabi', Hunderte von Briefen an hohe Verwaltungsbeamte und benachbarte Fürsten erhalten haben. Ja, der Seniorchef des bedeutendsten deutschen Auktionshauses für Handschriften, Klaus Mecklenburg, hat mir gegenüber sogar einmal die Vermutung geäußert, ein Teil der Briefe seien Autographe des Königs selbst. Bis durch Alexander den Großen der gesamte vorderasiatische Raum hellenisiert wurde, war die Keilschrift das verbreitetste Schriftsystem in Persien, Babylonien und ganz Kleinasien. Daneben entstand das nur wenig jüngere Schriftsystem des alten Ägypten, die Hieroglyphenschrift, die sich als Geheimschrift der Priester noch bis in die ersten Jahrhunderte nach Christus hielt.

Für die Folgezeit aber wurde eine von 2000 v. Chr. an entwickelte Schrift besonders bedeutsam: die phönizische, aus der die westsemitischen und die griechische Schrift hervorgingen. Um 1850 v. Chr. liegen die frühesten Zeugnisse der sogenannten Linear-A-Schrift, 300 Jahre später die der Linear-B-Schrift, die beide noch nicht vollständig entziffert sind. Auf ihnen beruht die griechische Buchstabenschrift, wie wir sie noch heute kennen und die sowohl die Grundlage der lateinischen Schrift wie die der ältesten Schriftzeugnisse in einer germanischen Sprache, der ostgotischen Übertragung des Bibeltextes im ‚Codex Argenteus', darstellt. Sie bildet auch den Ausgangspunkt der sehr viel später, um 950 n. Chr., geschaffenen kyrillischen Schrift.

Dieser geographische Raum wurde der Quellraum für den Reichtum an schriftlichen Zeugnissen, die uns überkommen sind und sowohl das Fundament unserer weltlichen wie unserer religiösen Literatur ausmachen. Vergessen wir nicht, daß schon in vorchristlicher Zeit ein riesiger Gedächtnisspeicher für schriftlich überlieferte Texte angelegt wurde: die berühmte Bibliothek von Alexandria, die bei Caesars Eroberung der Stadt 48 v. Chr. in Flammen aufging.

III.

Betraf dieses Unglück wohl überwiegend die weltliche, vor allem altgriechische Literatur, so verlief das Schicksal der geistlichen Literatur etwas günstiger. Alle drei Weltreligionen, die sich als Buchreligionen konstituiert haben, entstanden im vorderasiatischen Kulturraum und verfaßten ihre heiligen Schriften in seinen Sprachen: das Alte Testament in Hebräisch, einer westsemitischen Sprache, das Neue Testament in Griechisch, der Gemeinsprache des gesamten Mittelmeerraums seit Alexander dem Großen, und schließlich das jüngste Offenbarungsbuch, der Koran, in arabischer Sprache. Bekehrungserlebnisse wurden von nun an im wesentlichen Leseerlebnisse. Schon das Neue Testament ist davon durchdrungen, und die Zeugnisse in den Jahrhunderten danach reißen nicht ab.

Das eindrucksvollste Zeugnis für ein solches Bekehrungserlebnis durch Lektüre stammt von dem Kirchenvater Aurelius Augustinus. Augustin, aus Nordafrika gebürtig, hatte seine Bildung als Rhetor und Philosoph in Karthago erhalten. Er war mit allen philosophischen Schulen seiner Zeit vertraut, vor allem ein ausgezeichneter Platon-Kenner. Aber auch die religiösen Bewegungen des 4. Jahrhunderts nach Christus kannte er gut und hielt sich eine Zeitlang an die synkretistischen Schriften der Manichäer. Seine Mutter Monika war bereits getaufte Christin, während der Vater diesen Weg nicht mitging und bis kurz vor seinem Tod beim alten Glauben verblieb. Viele Jahre lebte der junge Afrikaner in wilder Ehe mit Melania, genoß und verachtete zugleich seine Sinnlichkeit, während Melania, die Mutter seines Sohnes Adeodat, ihm ein Leben lang die Treue bewahrt. Augustin geht von Karthago nach Rom und macht dort eine Rednerschule auf, die aber nicht recht florieren will. So zieht er, inzwischen nahezu 30 Jahre alt, weiter nach Mailand und betätigt sich, zum Skeptiker geworden, als Philosophie-Lehrer. Auf seiner grüblerischen Suche nach dem rechten Leben begegnet ihm der Bischof von Mailand, Ambrosius – auf den übrigens auch die Ursprünge einer großen Bibliothek zurückgehen, der Ambrosiana – aber ihr Verhältnis zueinander bleibt kühl, auch wenn Ambrosius den 33jährigen schließlich tauft. Ein Jahr zuvor, 386 nach Christus, hatte jenes Ereignis stattgefunden, das Augustinus in seinen ‚Confessiones', einige Jahre später, so beschreibt: Nachdem er einige Sätze seinem anhänglichen Kameraden Alypius gewidmet hat, faßt er zusammen: „So also war Alypius, der mir damals in Freundschaft anhing und der gleich mir in Zweifeln schwebte, welcher Lebensweg zu nehmen sei." Dieser Alypius wird zum Zeugen von Augustins Erweckung. Sie beginnt mit einem heftigen Anfall von Reue über Torheit, Eitelkeit und Sinnenverfallenheit des Lebens und mit einer Tränenflut. Dann folgt ein Gebet, Gott möge ihm seine Missetaten vergeben.

„So sagte ich und weinte in der bittersten Zerknirschung meines Herzens. Und sieh, da hörte ich eine Stimme vom Nachbarhaus herüber, singenden Tons, die Stimme wie von einem Knaben oder Mädchen, die immer wieder rief: Nimm, lies! Nimm, lies! Da änderte sich meine Miene, ich begann achtsam mich zu besinnen, ob Kinder so etwas bei irgend-

einem Spiel zu singen pflegten. Doch ich entsann mich nicht, es je einmal gehört zu haben. Da staute sich der Ansturm meiner Tränen, und ich stand auf. Ich dachte nichts andres, als daß Gott mir befehle, ein Buch zu öffnen und zu lesen, worauf zuerst mein Auge stoße. (…) So ging ich schnell zum Platz zurück, wo noch Alypius saß. Dort hatte ich einen Band, die Briefe des Apostels, liegen lassen, da ich aufgestanden und weggegangen war. Ich griff danach, ich öffnete, und schweigend las ich die Stelle, auf die zuerst mein Auge fiel: „Nicht in Fressen und Saufen, nicht in Zank und Streit, sondern ziehet den Herrn Jesum Christum an und pflegt das Fleisch nicht zur Erregung Eurer Lüste." Ich wollte nicht weiter lesen und brauchte nicht weiter zu lesen. Denn kaum, da ich den Satz zu Ende gelesen, kam's in mein Herz, ein Licht der Zuversicht und der Gewißheit, und alle Nacht des Zweifels war zerstoben. Ich legte meinen Finger oder sonst ein Zeichen in das Buch, schloß es, und schon mit völlig ruhiger Miene erzählte ich alles dem Alypius."
Das Buch, keineswegs immer die Bibel, wird zum entscheidenden Wegweiser zur richtigen Erkenntnis, zum richtigen Leben. Mit der Szene in Mailand im Jahr 386 beginnt Augustins Weg als Theologe und als Bischof. Mit Augustin-Lektüre beginnt 1000 Jahre später auf dem Gipfel des Mont Ventoux die Entdeckung der erhabenen Landschaft durch Francesco Petrarca. Mit gemeinsamer Lektüre beginnt freilich auch, nach Dante, der Weg Paolo Malatestas und der Francesca da Rimini in die Verdammnis, sie lesen gemeinsam den mittelalterlichen Liebesroman ‚Lancelot und Guenièvre': „An diesem Tage lasen wir nicht weiter."

IV.

Ja, es hat durchaus auch seine unheimlichen Seiten, das Buch, und nicht von ungefähr sind alle großen alten Zauberer auch große Leser, da braucht man nur an Faust in seiner

Studierstube zu denken. Lange Zeit galt, wer las, als dicht, oft allzu dicht an der Zauberei angesiedelt. Diese Nähe zur Magie und ihren Praktiken galt freilich nicht erst für ein ganzes Buch, sondern schon für den einzelnen Buchstaben, der mit anderen zu magischen Figuren zusammentritt, die sich dem verständigen Lesen entziehen. Es waren geheime Formeln, die nur der Eingeweihte, der mit dunklen Mächten im Bund stand, zu entziffern vermochte. Gegen diese schwarze Magie halfen nur kräftige Gegenmittel, und auch sie wiederum hielt das Kulturgut „Buch“ bereit. Lange Jahrhunderte hindurch lag es daher vorwiegend in der Hand der Geistlichen, waren fast nur sie des Lesens und Schreibens kundig. Das war einmal anders gewesen: in den letzten vorchristlichen Jahrhunderten war die Kulturtechnik des Lesens schon weit verbreitet, weniger die des Schreibens. Schreiben blieb zu einem erheblichen Teil Sklavenarbeit im alten Rom.
Mit dem Zerfall der antiken Stadtkulturen in der Zeit der Völkerwanderung und etwas später des Arabersturms ging auch die Schreib- und Lesekultur spürbar zurück, und zur Zeit der Frankenkönige Chlodwig und Karl des Großen hatte sie sich fast vollständig in die Klöster und die königlichen Kanzleien zurückgezogen. Selbst von den mittelalterlichen Kaisern, den Karolingern, Sachsenkaisern und Saliern konnten nur wenige Lesen und Schreiben und brachten auf ihren Urkunden statt einer vollständigen Unterschrift nur noch einen Vollziehungsstrich an. Die Kirche mit ihren Institutionen war zur Bewahrerin der alten Schreibkultur geworden. In den Skriptorien der Klöster und Stifte wurden Handschriften kopiert, oft kunstvoll ausgeziert und als kostbare Schätze gehütet. Zu schreiben war ein gottgefälliges Werk. Die an sich weit ältere und keineswegs auf Europa beschränkte Buchmalerei fand in den Skriptorien der Klöster Reichenau, Sankt Gallen oder etwas später Helmarshausen frühe Meisterwerkstätten, deren Arbeiten noch die um die Wende vom 19. zum 20. Jahrhundert aufblühende Buchkunst anregten.

Die Kostbarkeit von Handschriften, die ihre Entstehung nicht selten fürstlichen Auftraggebern verdankten, ließ sie nur selten oder nie ihr Kloster verlassen. Als 991 nach Christus der Benediktiner Richer eine Handschrift mit Aphorismen des Hippokrates von Kos befragen wollte, mußte er die strapaziöse Reise von Reims über Orbais und Meaux an der Marne nach Chartres auf sich nehmen – vier bis fünf Tage über sumpfige Waldpfade und halbverfallene Brücken, bei scheußlichem Regenwetter im März – um schließlich in der Dombibliothek zu Chartres an den begehrten Text zu gelangen. „Im Zeitalter kostbarer Handschriften", so Arno Borst, „mußte reisen, wer unbekannte Texte lesen wollte." Und Reisen tat man im Mittelalter nicht zum Vergnügen.

V.

Noch nahezu ein halbes Jahrtausend lang blieb das Buch, blieb die Handschrift in den Händen der Kleriker. Wenn ein Laie oder gar ein Standesherr lesen konnte, so war das einer ausdrücklichen Erwähnung wert. Gegen das Jahr 1200 dichtete Hartmann von Aue sein Legendenepos ‚Der arme Heinrich' und begann folgendermaßen:

Ein ritter so gelêret was,
daz er an den buochen las,
swaz er daran geschriben vant.
Der was Hartman genant,
dienstman was er ze Ouwe.
Er nam im mange schouwe
An mislichen buochen:
Daran begunde er suochen,
ob er iht des funde,
dâmite er swaere stunde
möhte senfter machen,
und von sô gewanten sachen,
daz gotes êren töhte

und damit er sich möhte
gelieben den liuten.
Nu beginnet er iu diuten
ein rede, die er geschriben vant.
Darumbe hât er sich genent,
daz er sîner arbeit,
die er daran hât geleit,
iht âne lôn belîbe,
und swer nâch sînem libe
si hoere sagen oder lese,
daz er im bittende wese
der sêle heiles hin ze gote.

Im Neuhochdeutschen lautet dieser Text etwa so: „Ein Ritter war so gelehrt, daß er in Büchern las, was immer er darin aufgeschrieben fand. Sein Name war Hartmann, und er war Ministeriale in Aue. Er forschte in verschiedenartigen Büchern und suchte danach, ob er nicht etwas fände, womit er eine schwere Stunde leichter zu machen vermöchte, und nach solchen Texten, die zur Ehre Gottes gereichten und zugleich geeignet seien, ihn, den Schreiber, bei den Leuten in Gunst zu setzen. – Er fängt nun an, Euch einen Text zu erläutern, den er [bereits] geschrieben vorfand. Seinen Namen hat er genannt, damit er für die Mühe, die er darauf verwendet hat, nicht ohne Lohn bleibe. Und wer nach seinem Tod seinen Text hört oder liest, der möge Gott um das Seelenheil des Verfassers bitten."

Hier haben wir nicht nur ein frühes Zeugnis für ein episches Gedicht, das von einem Laien und nicht von einem Geistlichen verfaßt ist, sondern auch ein frühes Zeugnis für ein Urheberbewußtsein, ein Bewußtsein, wie es dann wenig später auch bei Walter von der Vogelweide, Wolfram von Eschenbach und Gottfried von Straßburg greifbar wird.

Der „Lohn" des Urhebers bestand einerseits in Sachwerten – einem Pelzmantel, einem kleinen Lehnsgut – andererseits aber, wie hier bei Hartmann von Aue, in der Fürbitte der Lesenden für den Schreiber bei Gott.

VI.

In der zweiten Hälfte des 15. Jahrhunderts zog dann ein neues Milchstraßensystem am Himmel der Schreib- und Lesekunst herauf, ein System, das Marshall McLuhan „die Gutenberg-Galaxie" getauft hat und das mit der Erfindung der Buchdruckerkunst seinen Anfang nahm. 1994 sang ihm Sven Birkerts mit seinen, vielleicht doch verfrühten, „Gutenberg-Elegien" den Abgesang, da er diese Galaxie mit dem „elektronischen Zeitalter" dem Untergang geweiht sah.
Die Reformation war bekanntlich die erste große geschichtliche Revolution, die sich dank des Buchdrucks zu einem Flächenbrand entwickelte, der sich mit großer Geschwindigkeit über das ganze Europa nördlich der Alpen und später auch über Nordamerika ausbreitete. Sie versetzte der Klosterkultur den entscheidenden Schlag, und die Handschriften- und Wiegendruckbestände so manches aufgelösten Stifts und Klosters wurden zum Grundbestand vieler Stadt- und Landesbibliotheken – bekanntlich auch der alten Frankfurter Stadtbibliothek, die in ihren Gründungsjahren von 1484 an neben der Ratsbibliothek auch die des alten Barfüßerklosters aufnahm.

Die Buch- und Lesekultur ging um 1500 aus dem Patronat kirchlicher Institutionen in die Obhut der städtischen Magistrate und der Landesfürsten über, die sie zum Teil an ihre Gymnasien und Hohen Schulen weiterdelegierten.
Das geschah nun nicht gleichsam naturwüchsig, sondern es war ein von Martin Luther initiierter kirchen- und kulturpolitischer Akt von größter Tragweite. 1524 sandte der Wittenberger Reformator ein Sendschreiben ‚An die Burgermeyster und Radherrn allerley stedte ynn Deutschen landen', in dem

er sie dringlich aufforderte, Schulen zu errichten und Bibliotheken zu gründen. Luther wußte sehr wohl, daß auf der Schriftkultur die ganze Traditionsbildung der christlichen Welt beruhte, und er verkannte keineswegs die wichtige Rolle, die dabei die Klöster gespielt hatten:

„Am letzten ist auch das wol zu bedencken allen den yenigen, so lieb und lust haben, das solche schulen und sprachen ynn Deutschen landen auffgericht und erhallten werden, das man fleys und koste nicht spare, gutte librareyen odder bücher heuser, sonderlich ynn den großen stedten, die solichs wol vermügen, zuu erschaffen. Denn so das Evangelion und allerley kunst soll bleyben, muss es yhe ynn bücher und schrifft verfasset und angebunden seyn. Wie die Propheten und Apostel selbs gethan haben, als ich droben gesagt habe. Und das nicht alleyne darumb, daß die yenigen, so uns geystlich und welltlich fürstehen sollen, zu lesen und studirn haben, sondern das auch die guten bücher behallten und nicht verloren werden sampt der kunst und sprachen, so wyr itzt von Gottis gnaden haben. Hierynnen ist auch S. Paulus fleyssig gewesen, da er Timotheo befilhet, er solle anhallten am lesen, und auch befilht, er solle das pergamen, zu Troa da gelassen, mit sich bringen."

Der Grundstein der ganzen Entwicklung der Buchkultur, in deren Tradition Luther sich sieht, ist das Buch des Gesetzes, das Gott selbst dem Volk Israel anvertraut hat und das Moses in der Gesetzeslade hatte verwahren lassen.

Indem Luther sowohl Schulen als auch Bibliotheken zu gründen aufruft, legt er das Fundament sowohl für eine des Lesens fähige Laiengesellschaft – die übrigens Jungen und Mädchen, Frauen und Männer umfaßt – als auch für die Versorgung mit gutem Lesestoff.

Luther entwirft an gleicher Stelle nämlich auch einen Kanon für die „Bücherhäuser". Er kritisiert zunächst scharf die Bestände der Klosterbibliotheken und macht dann eigene Vorschläge: als erstes die Bibel in allen alten und neuen

Sprachen, dann die besten Ausleger und die ältesten. Als nächste Gruppe des Kanons werden die Hilfsmittel zum Erlernen der alten Sprachen genannt, und da vertraut Luther den antiken Dichtern und Rednern am meisten, „nicht angesehen ob sie Heyden oder Christen weren". Als dritte, ebenfalls nichttheologische Abteilung nennt er „die bücher von den freyen künsten und sonst von allen andern künsten." Die „Freien Künste", sieben an der Zahl, sind traditionsgemäß Grammatik, Rhetorik und Dialektik, ferner Arithmetik, Geometrie, Musik und Astronomie. Vor der Philosophie, vor allem derjenigen des Aristoteles, warnt Luthers Sendbrief eher – hatte sie doch in den Klosterbibliotheken seit dem 12. Jahrhundert einen festen und angesehenen Platz behauptet. Luthers Kanon, den wohl auch ein Humanist hätte unterschreiben können, schließt mit den Büchern zur Jurisprudenz und zur Medizin, „wiewohl auch hie unter den Commenten eyner gutten wal not ist."

Sehr merkwürdig mutet die letzte hier genannte Rubrik an, eine Gruppe, die geradezu ein Einfallstor für höchst triviale Scharteken genannt werden darf und oft genug auch geworden ist:

„Mit den fürnemsten aber sollten seyn die Chronicken und Historien, waserley sprachen man haben künde. Denn die selben wunder nütz sind, der wellt lauff zu erkennen und zu regiren. Ja auch Gottis wunder und werck zu sehen. O wie manche feyne geschichte und sprüche sollt man itzt haben, die ynn Deutschen landen geschehen und gangen sind, der wyr itzt noch keyns wissen. Das macht, niemand ist da gewesen, der sie beschrieben oder, ob sie schon beschrieben gewest weren, niemand die bücher gehallten hat, darumb man auch von uns Deutschen nichts weys ynn andern landen, und müssen aller wellt die Deutschen bestien heyssen, die nichts mehr künden denn kriegen, und fressen und sauffen. Aber die Kriechischen und Lateinischen, Ja auch die Ebreischen haben yhr ding so gnaw und fleyssig beschrieben, das, wo auch eyn weyb oder kind etwas sonderlichs gethan odder geredt hat, das muss alle wellt lesen und wissen, die weyl sind wyr Deutschen noch ymer Deutschen und wöllen deutsche bleyben."

Luthers Appell wurde aufgenommen, wenig später durch den Jesuiten-Orden auch im katholisch gebliebenen südlichen Deutschland: sowohl die lutherischen Lateinschulen und Gymnasien als auch die Jesuitenkollegs wurden neben den Universitäten zu den wichtigsten Kulturträgern im Deutschland des 16., 17. und frühen 18. Jahrhunderts.

VII.

Das 18. Jahrhundert bildet für die damals schon Jahrtausende alte Buchkultur eine Schwellenzeit. Wofür der Buchdruck die Voraussetzungen technischer Art geschaffen hatte, das trat nun ein: Buchbesitz wurde zu einer allgemeinen Erscheinung. Der aufgeklärte Absolutismus und das nach den Katastrophen des 30jährigen Krieges wieder erstarkende Stadtbürgertum schufen die sozialen Bedingungen dafür, daß, was zuvor immer noch die Sache von Spezialisten, von Geistlichen, Gelehrten und Diplomaten gewesen war, in die Breite zu wirken begann und zum Ferment einer allgemeinen Bildung wurde.

Im ganzen 18. Jahrhundert nahm die Alphabetisierung kontinuierlich zu. In den, oft auf fürstlichen Befehl, eingerichteten Elementarschulen wurden Lesen, Schreiben, Rechnen und der Katechismus unterrichtet, die Schiefertafel hielt Einzug in die Schulstuben, Bibel und Gesangbuch standen auf den Regalbrettern selbst der Bauernstuben. „Das Gesangbuch", schreibt Johann Gottfried Herder 1779, „ist die Bibel des Volks, sein Trost und seine beste Erholung." Hinzu kam vielleicht noch der eine oder andere Kalender mit nützlichen Ratschlägen für Haus und Hof, Garten und Feld.

Es mehren sich die mehr oder weniger durchdachten Vorschläge für eine Didaktik des Lese- und Schreibunterrichts; eine jüngere geistvolle Vermutung geht dahin, daß das Buchstaben-Gebäck „Russisch Brot“ eine Verballhornung sei und eigentlich „rousseauisch Brot“ heiße, eine Reverenz an einen der herausragenden Pädagogik-Theoretiker des aufgeklärten Jahrhunderts, Jean Jacques Rousseau (1712–1778).
Für die kleinen ABC-Schützen erfand das 18. Jahrhundert das ‚güldene ABC‘, das das Erlernen des Alphabets mit einfachen Weisheitslehren verband. Nicht alle begnügten sich mit Trivialitäten wie Der Esel ist ein dummes Tier,
Der Elefant kann nichts dafür
oder Das Nashorn lebt in Afrika,
Das Nilpferd findt man eben da.
Von Matthias Claudius zum Beispiel gibt es güldene Alphabete, die das didaktische Genre zu mehr verwenden, als nur das ABC zu lehren. Wie in diesen beginnt jeder Zweizeiler mit einem Buchstaben in der Folge des Alphabets:

Armut des Geistes Gott erfreut;
Armut, und nicht Armseligkeit.

Besprich dich nicht mit Fleisch und Blut,
Fahr zu, gleich zu, wie Paulus tut.

Creuz ist ein Kraut, wenn man es pflegt,
Das ohne Blüte Früchte trägt.

Dürst nicht nach Rache und nach Blut;
Vergeben wäre wohl so gut.

Ein edles Herz glänzt hell und hold,
Ein gutes ist gediegen Gold.

Und so fort durch das ganze Alphabet bis zu den letzten Buchstaben:

Xerxes verließ sich auf sein Heer;
Allein das Heer auf ihn nicht sehr.

Y greck ein böser Buchstab ist;
Bei ihm hilft nicht Gewalt noch List.

Zuletzt nehmt noch die Warnung an.
Daß keinem Schelm man trauen kann.

Die Kinder des Adels und des gehobenen Bürgertums genossen den Elementarunterricht außerhalb der allgemein zugänglichen Schulen durch Hauslehrer. So hat Johann Wolfgang Goethe in Frankfurt am Main nur während der zehn Monate, in denen der Vater das Haus umbauen ließ, eine öffentliche Schule besucht. Diese Hauslehrer oder Hofmeister begleiteten die 15- oder 16-jährigen Jungen dann zumeist auch an die Universitäten.

VIII.

Mit der Zunahme der Lesefähigkeit entwickelte sich der Buchmarkt zu einem beachtlichen Wirtschaftszweig. Von den Papierherstellern über die Druckereien, die Verlage bis zu den Buchhändlern entstand eine dichte Kette von am Markt Beteiligten. Zweimal im Jahr, zur Kantate-Messe im Frühjahr und zur Michaelis-Messe im Herbst, beide in Leipzig, boten sie ihre Produkte an, und die Meß-Kataloge wurden im 18. Jahrhundert von Jahr zu Jahr umfangreicher. Schon 1789 stöhnt Christian Friedrich Daniel Schubart:
„Schon das Volumen des diesmaligen Meßkataloges ist so abschreckend, daß der Freund echter Kunst und Wissenschaft nicht ohne Grund fürchtet, das Bücherschreiben möchte un-

ter uns Deutschen mehr als unter jedem andern Volke zum Handwerk heruntersinken. Man kann, dünkt mich, getrost behaupten, daß zwei Drittel der gegenwärtigen ungeheuren Frachtlieferung recht eigentlich bei ihrer Geburt schon für das Grab reif sind. Ein gewisser berühmter Schriftsteller scheint es daher, wenn er von den Bücherfabriken zu *Wien, Berlin, Hamburg, Frankfurt,* besonders zu *Leipzig* redet, nicht zu übertreiben, wenn er uns aus dem seit einem Jahrfünftel immer weiter um sich greifenden litterarischen Luxus, jähen Mißwachs, und eine plötzliche Dürre weissagt."
In den seit Luthers Klage über die bücherfeindlichen barbarischen Deutschen verflossenen 250 Jahren hat sich so manches verändert – wenn auch nicht zur Zufriedenheit aller.

Mit der „Dürre" hatte es aber noch gute Weile, eigentlich bis heute. Dabei lief ein erheblicher Teil der Trivialliteratur des 18. Jahrhunderts nicht einmal über die Messen, sondern wurde auf Jahrmärkten oder an Büchertischen in den Passagen der größeren Städte verhökert. 1785 macht sich ein Anonymus in der ‚Berlinischen Monatsschrift' ernsthaft Gedanken ‚Ueber die Mittel, bessere Bücher in die Hände der niedrigern lesenden Menschenklasse zu bringen', und listet auf, was die Dienstmädchen und Hausknechte damals so lasen: den Reineke Fuchs, den Till Eulenspiegel, den gehörnten Siegfried, die Schildbürger, die Geschichte von Doktor Faust, und so fort, etwa 50 Titel. „Wenigstens wird man aus dem Verzeichnis doch sehen können, was der gemeine Mann für Titel und Materien liebt", schließt er die Liste und kommt dann mit Vorschlägen heraus, wie man diesen bedenklichen Zustand ändern könne. 25 Jahre später, bei den Romantikern, kommen viele dieser „Titel und Materien" bereits wieder zu Ansehen bei hochgebildeten Leuten wie Ludwig Tieck, Clemens Brentano und Joseph Görres.
Dieser dynamische neue Markt, der Buchmarkt im 18. Jahrhundert, war nicht zuletzt mitbedingt durch das gewaltige

Anwachsen zentraler Bibliotheken in Deutschland. Die Herzog August Bibliothek in Wolfenbüttel, deren Ursprünge bis ins 16. Jahrhundert zurückreichen, blühte im 18. Jahrhundert auf. Leibniz war hier zeitweise Bibliothekar, später Gotthold Ephraim Lessing, und dessen Nachfolger wurde Goethes Leipziger Studienfreund Ernst Theodor Langer. Überhaupt ist das welfische Fürstenhaus hier besonders zu nennen, denn dank der Personalunion des Hauses Hannover mit der englischen Krone und der verstärkten kulturellen Beziehungen zum Königreich Britannien verfügte es über beträchtliche Mittel.
Mit der Gründung der Georg-August-Universität Göttingen schlug auch die Geburtsstunde der heutigen Niedersächsischen Staats- und Universitätsbibliothek (1734). Auch sie hatte im 18. Jahrhundert eine Reihe bedeutender Direktoren, als ersten gleich Johann Matthias Gesner (1691-1761), den man aus Leipzig abgeworben hatte, wo er als Rektor der Thomas-Schule zu Johann Sebastian Bachs engsten Freunden gehört hatte: seine Frau Elisabeth Caritas Gesner war Patin bei einem der Bach-Söhne. Von 1763 bis 1812, also nahezu 50 Jahre lang, leitete Christian Gottlob Heyne die Bibliothek, wie Gesner ein Altphilologe, dessentwegen der junge Goethe so gern von Leipzig nach Göttingen gewechselt hätte, was aber der Vater nicht zuließ.
Eine dritte wichtige Bibliothek in einem welfischen Land ist die heutige Gottfried-Wilhelm-Leibniz-Bibliothek in Hannover, die ehemals herzogliche, dann kurfürstliche Hofbibliothek, später Königliche öffentliche Bibliothek. Nicht nur erhielt sie als eine der ersten überhaupt ab 1732 einen festen jährlichen Anschaffungsetat, hier entwickelte man auch den ersten Zettelkatalog der Welt: zuvor hatte man Katalogbücher in Verzeichnisform geführt, die bald höchst unübersichtlich wurden und wenig flexibel waren. Dieser neue „Catalogus perpetuus" sollte sich bis weit ins 20. Jahrhundert bewähren.

Unter den Neugründungen im süddeutschen Raum nenne ich nur die im Fränkischen gelegene Bayreuther Gründung der Frederico-Alexandrina-Universität in Erlangen 1742, deren Bibliothek in der Gründungsphase von der Schwester Friedrichs II. von Preußen, der Markgräfin Wilhelmine, kräftig gefördert wurde. Freilich erreichte sie den Rang einer wissenschaftlichen Bibliothek erst 1818 mit der Übernahme der aufgehobenen Universität Altdorf mit reichen Beständen aus der Zeit des Humanismus.

Zwei ursprünglich fürstliche Bibliotheken bedürfen wenigstens noch einer kurzen Erwähnung: die Staatsbibliothek zu Berlin Preußischer Kulturbesitz und die Bayerische Staatsbibliothek.
Die erstere stammt in den Anfängen noch aus der Zeit des brandenburgischen Kurfürsten Friedrich Wilhelm, des „großen Kurfürsten", und wurde 1701 unter König Friedrich I. in Preußen zur Königlichen Bibliothek zu Berlin. So lautete ihr Name bis zum Ende der Monarchie in Preußen, also bis 1918, seitdem heißt sie Staatsbibliothek. 1780 erhielt sie unter Friedrich II. einen Neubau am Opernplatz, nach Plänen des großen Architekten Fischer von Erlach. In der zweiten Hälfte des 19. Jahrhunderts zog sie erneut in einen Neubau, Unter den Linden 8. Heute residiert sie an zwei Standorten: einem in Westberlin und einem in Ostberlin an der alten Stelle. Seit 1933 ist ihre Geschichte auf das engste mit der allgemeinen deutschen Geschichte verknüpft, und sie hat noch heute einen erheblichen Modernisierungsrückstand. Unter allen bisher genannten Bibliotheken hat sie wohl die größten Verluste durch die Kriegszeit und die Abtrennung der ehemaligen deutschen Ostgebiete zu beklagen: große Nachlässe, die ihr gehören, muß man heute in Krakau, auf dem Wawel, studieren, was allerdings von der polnischen Verwaltung recht großzügig gestattet wird.

Die Bayerische Staatsbibliothek hat sich aus der Wittelsbachischen Hofbibliothek entwickelt, die bis ins 16. Jahrhundert zurückreicht. Dynastische Verbindungen führten dazu, daß sie 1803 mit den Beständen der Mannheimer Hofbibliothek des Pfälzer Kurfürsten Karl Theodor vereinigt wurde, ein Zuwachs von einer halben Million Titel auf einen Schlag! Sie dürfte heute mit knapp 9,4 Millionen Bänden nach der Preußischen Staatsbibliothek die zweitgrößte wissenschaftliche Bibliothek in Deutschland sein. Ihr Bestand an Handschriften und Inkunabeln macht sie für jede Mittelalterforschung unersetzlich, zumal sie die Bestände der mächtigen säkularisierten Klöster des deutschen Südens in sich aufgenommen hat.

Noch ein weiteres Element des modernen Buchwesens verdankt sich dem 18. Jahrhundert: das Urheberrecht. Zu Beginn des Jahrhunderts versuchten zunächst in England, die Verlage sich mit einem aus dem Eigentumsrecht abgeleiteten Urheberrecht zu schützen. Bis sich der Begriff „geistiges Eigentum" herausbildete, brauchte es noch fast hundert Jahre. Erstmals begegnet er 1784: im Zusammenhang mit dem im 18. Jahrhundert weit verbreiteten Unwesen der Raub- und Nachdrucke formuliert ein Anonymus in der Zeitschrift „Deutsches Museum": „Die Frage ist ja nicht von geistigen Gütern, Körper können diese nicht rauben, sondern vom sehr ehrlichen Nutzen des geistigen Eigenthums." Damit war der Begriff aber noch längst nicht durchgesetzt, Goethe macht sich noch 1823 über ihn lustig. Immerhin gibt es im Allgemeinen Preußischen Landrecht 1794 eine Art Urheberrecht, aber erst 1845 beschließt der Deutsche Bundestag für den ganzen Deutschen Bund ein erstes Schutzgesetz zu Gunsten der Autoren und ihres geistigen Eigentums. Es ist seitdem mehrmals novelliert worden, seine gültige Fassung stammt aus dem Jahr 1965.

IX.

Seit dem 18. Jahrhundert ist viel geschehen, und das Buch ist schon lange nicht mehr das einzige Medium, in dem „geistiges Eigentum“ Verbreitung findet. Dafür hat man im Rechtsverhältnis von Autor und Verlag den Begriff der „Nebenrechte“ entwickelt, der die ökonomische Verwertung geistigen Eigentums bis hin zum Zeitschriftenabdruck, zur Rezitation, Vertonung und Verfilmung regelt.
Alle bisher unter den Nebenrechten versammelten Formen der Vervielfältigung und Vermarktung verbindet eines: sie sind verhältnismäßig leicht kontrollierbar – Auflagenzahlen, Anzahl von Filmkopien und von CD-Kopien lassen sich zuverlässig messen. Das aber ist die Voraussetzung für einen effizienten Rechtsschutz.
Mit dem Internet und den Möglichkeiten, welche die digitalen Techniken bieten, ist gerade darin aber ein Wandel eingetreten. Die Verfügbarmachung eines Textes als E-Book läßt sich urheberrechtlich noch nicht fassen, zumal sie den bisherigen Rahmen der Nebenrechte sprengt.
Vor knapp drei Jahren hat die Bayerische Staatsbibliothek mit Google ein Abkommen geschlossen, das die Digitalisierung ihres gesamten urheberrechtsfreien Bestandes vorsieht. Damit wird dieser Bestand weltweit im Netz verfügbar – für jedermann zu jeder Zeit an jedem Ort. Darüber hinaus ist ein Projekt der „Digitisation on Demand“ auf den Weg gebracht – der Besteller erhält einen Memory Stick oder eine CD-ROM mit dem gewünschten Buchtext und kann ihn sich auf seine Festplatte „downloaden“ – ein weiterer Schritt zum „open access“, den die „Informationsgesellschaft“ offensichtlich fordert.

Die Ambitionen von Google gehen freilich noch weiter und zielen auch auf den bisher noch urheberrechtlich geschützten Bereich – der Zielkonflikt zwischen den Rechten von Autoren und Verlagen und dem freien Zugang zu jeder Art von Information über das Internet ist noch nicht ausgetragen, und die nationalen Verbände – für Deutschland der Börsenverein des Deutschen Buchhandels und die VG Wort – verhandeln noch vor den amerikanischen Gerichten mit Google.

Wie immer das ausgehen wird, das Urheberrecht wird künftig auf drei statt bisher zwei Säulen ruhen müssen: dem genuinen Urheberrecht, den traditionellen Nebenrechten und dem Urheberschutz bei digitaler Nutzung. Eins ist jedenfalls nicht zu befürchten: daß das Buch durch das Internet verdrängt wird.

Aber es wird ein neuer Typ des Lesers entstehen, das ist jetzt schon zu erkennen. Als der Buchmarkt im 18. Jahrhundert seine neue Dynamik erreichte, trat hierin die erste große Veränderung ein. Bis weit in dieses Jahrhundert hinein stand das intensive, über Generationen wiederholte Lesen autoritätsbeständiger Bücher im Vordergrund, voran die Bibel, aber auch die klassischen Autoren und die klassischen Kodifikationen der römischen Jurisprudenz. Diese Epoche wurde abgelöst durch das extensive Lesen ständig wechselnder Neuerscheinungen, zum bewährten Alten (und manchmal an seine Stelle) trat das erregende Neue sowohl in der Wissenschaft wie in der Schönen Literatur.

Der heute entstehende Lesertyp ist ein „snippet-viewer“, einer, der sich aus dem Internet Schnipsel von Büchern holt und kaum mehr die Zeit findet, eine Monographie oder einen großen gedanklichen Entwurf vom Anfang bis zum Ende durchzustudieren und zu durchdenken. Und diese Art des Lesens, so ist zu erwarten, wird auch bei vielen die Art des Umgangs mit dem gedruckten Buch verändern. Tolstois Roman „Krieg und Frieden“ umfaßt 1.600 Seiten und ist ein bewundernswert konstruiertes literarisches Kunstwerk – wie viele mögen es von Anfang bis Ende durchgelesen haben und über die packende Einzelepisode, das bezaubernde Detail hinaus sich ein Bild des Ganzen zu machen versuchen? Und wie viele werden es in Zukunft überhaupt noch können? Das sind beunruhigende Fragen, beunruhigender als die nach der Fortexistenz des Buchs im digitalen Zeitalter. Das hat nun 3000 Jahre und mehr überlebt, der Dinosaurier unter den Medien, aber der wird auf absehbare Zeit noch weiterleben. Die Schriftkultur und die Buchkultur werden nicht in einer neuen Digitalkultur untergehen.

Berndt Dugall
Vom Wandel einer Hochschulbibliothek*

Da die frühere „Gesellschaft der Freunde der Universitätsbibliothek Frankfurt am Main" heute 25 Jahre ihres Bestehens feiert, habe ich mich entschlossen, meinen Vortrag dem Thema „Von der Stadt- und Universitätsbibliothek zur Universitätsbibliothek Johann Christian Senckenberg" zu widmen, weil diese Entwicklung ziemlich genau mit den Phasen zusammenfällt, in denen auch die Gesellschaft bis heute aktiv ist. Bei den Zahlenvergleichen habe ich mich auf den Zeitraum 1988 bis heute bezogen, weil dieses auch exakt meine Amtszeit abdeckt.
Ich beginne mit Fakten aus dem Jahr 1988, die sich nur auf die damalige Stadt- und Universitätsbibliothek Frankfurt am Main, d. h. nur auf einen Teil des auch damals schon als „Bibliothekssystem" bezeichneten Bibliotheksbereichs beziehen:

Kennzahlen 1988:

Gesamtbestand Medien	3.035.000	Bände
Ausgaben für Medien	2.359.000	€
Zugang Medien	87.955	Bände
Laufende Zeitschriften	12.372	
Ausleihen	1.051.00	
Aktive Nutzer	39.000	
Personal Universitätsbibliothek	257,0	
Personal Senckenberg-Bibliothek	36,5	
Öffnungstage	267	Tage
Öffnungsstunden pro Woche	65	Stunden

* Für den Druck überarbeitete Fassung des Vortrags des Direktors der Universitätsbibliothek

Zwanzig Jahre später, im Jahr 2008, finden wir unter dem Namen Universitätsbibliothek Johann Christian Senckenberg ein die gesamte Universität umfassendes Bibliothekssystem mit den folgenden Zahlenangaben:
Kennzahlen 2008:

Gesamtbestand Medien	8.100.000	Bände
Ausgaben für Medien	7.800.000	€
Zugang Medien	187.000	Bände
Laufende Zeitschriften	12.800	gedruckt
	26.000	elektronisch
Ausleihen	1.600.00	
Aktive Nutzer	47.000	
Personal Zentralbibliothek	154,0	
Personal HEBIS	34,5	
Personal dezentral	87	
Öffnungstage	349	Tage
Öffnungsstunden pro Woche	84	Stunden

Die absoluten Zahlen zeigen durchgängig einen Anstieg aufgrund der Zusammenfassung aller Bibliotheken in einem System; wie unterschiedlich der Zuwachs jedoch ausfällt, zeigt ein Blick auf die Veränderung in Prozent, wobei jeweils die Zahlen für 1988 als 100 % gesetzt werden.

Veränderung 2008 zu 1988 in Prozent:

Medien	+166,89
Ausgaben	+230,65
Zugang	+112,61
Lfd. Zs	+213,61
Ausleihen	+52,24
Aktive Nutzer	+20,51
Personal	-27,02
Öffnungstage	+30,71
Öffnungsstunden pro Woche	+29,23

Man kann auf einen Blick erkennen, daß im Bereich des Personals ein Rückgang zu verzeichnen ist, wohingegen in allen anderen Bereichen Steigerungen bis hin zum Zwei- und Dreifachen festzustellen sind, in der Summe also eine große, teilweise sogar gewaltige Veränderung.
Da solche Zahlen alleine aber nicht die Wirklichkeit vollständig abbilden, wird an einem Beispiel die Komplexität noch etwas stärker verdeutlicht. Hier kann man erkennen, wie sich die personelle Struktur im Laufe dieser mehr als zwanzig Jahre verschoben hat.
1988 gab es in der Stadt- und Universitätsbibliothek 257 Stellen, die man jedoch, um sie mit der heutigen Situation zu vergleichen, erweitern muß um die Personalkapazitäten, die bei der Senckenberg-Bibliothek vorhanden waren, nämlich 36,5 und um das Personal in den dezentralen Bereichen der Johann Wolfgang Goethe-Universität, seinerzeit 84 Stellen. Dies ergibt für das Jahr 1988 einen Gesamt-Personalbestand von insgesamt 377,5 Stellen.
Heute stellt sich das Ganze so dar, daß die Zentralbibliothek in ihrer kompletten Struktur über 154 Stellen verfügt, der Bereich HeBIS, der in der Zwischenzeit ganz neu hinzugekommen ist, 34,5 Stellen benötigt und die dezentralen Einrichtungen mit 87 Personalstellen ausgestattet sind. Damit verfügte der Bibliotheksbereich im Jahr 2008 über insgesamt 275,5 Stellen.
In der Summe bedeutet dies, heutzutage wird mit weniger Personal deutlich mehr Leistung erbracht.

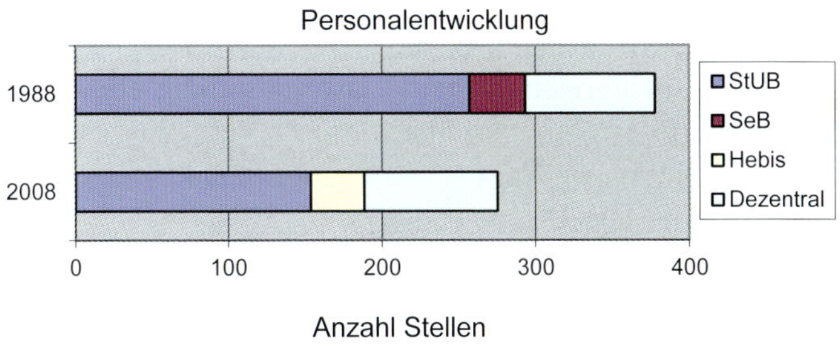

Wie tiefgreifend die Veränderungen in den letzten zwanzig Jahren waren, läßt sich jedoch nicht nur an Zahlen, sondern auch an Strukturen verdeutlichen.

Das Bibliothekssystem der Johann Wolfgang Goethe-Universität, hätte man es 1988 versucht abzubilden, bestand damals aus der Stadt- und Universitätsbibliothek mit angegliederter Medizinischer Hauptbibliothek, beides Einrichtungen der Stadt Frankfurt am Main; daneben der Senckenbergischen Bibliothek, sechs sogenannten Fachbereichsbibliotheken und in der Universität darüber hinaus noch ca. 160 Instituts-, Seminar- und Lehrstuhlbibliotheken unterschiedlichster Größenordnung, insgesamt also knapp 180 einzelne Einrichtungen.

Vergleicht man dies mit der Situation heute, so haben wir es mit einer Zentralbibliothek zu tun, gebildet aus der ehemaligen Stadt- und Universitätsbibliothek und der Senckenbergischen Bibliothek, der insgesamt sechs Bereichsbibliotheken zugeordnet sind: Die Bibliothek Recht und Wirtschaft (BRuW), die Bibliothek Gesellschaftswissenschaften und Erziehungswissenschaften (BGE), das Bibliothekszentrum Geisteswissenschaften (BzG), die Kunstbibliothek (KB), das Bibliothekszentrum Niederursel (BZNU) und die Medizinische Hauptbibliothek (MedHB).

Zusätzlich gibt es noch etwa dreißig meist kleinere Institutsbibliotheken, deren Zahl erst dann deutlich reduziert werden wird, wenn die noch laufenden Baumaßnahmen der Universität auf dem Campus Westend zu einem endgültigen Abschluß gekommen sind.

Ebenfalls völlig verändert haben sich die technische Situation und die IT-Struktur, d. h. die verwendete Hard- und Software. Dieser Bereich ist heute fast vollständig einheitlichen Kriterien unterworfen und bietet durch Vernetzung und zentrale Betreuung einen dem Stand der Technik angemessenen Standard. Nur noch ganz wenige Institutsbibliotheken führen in gewisser Weise ein Dasein außerhalb dieses Systems.

Nach diesem Blick auf Statistik und Strukturveränderung möchte ich nun auf die Dinge kommen, die sich im Laufe der Jahre oder Jahrzehnte verabschiedet haben.
Wer sich an die früheren Zeiten erinnert, der weiß, daß ein wesentliches Merkmal bei Betreten einer wissenschaftlichen Bibliothek eine Eingangshalle mit einer Fülle von Katalogschränken war. Diese Zettelkataloge, die in Frankfurt mehrere Millionen Nachweise enthielten und für die Benutzer das einzige Hilfsmittel zum Auffinden gesuchter Bücher waren, wurden bei uns 1995 eingestellt. Ihre Aufgabe übernahm die Recherche am Bildschirm.
Wir hatten, als ich meinen Dienst begann, noch eine relativ umfängliche Hausbuchbinderei, die 1996 stillgelegt wurde. Das gleiche, wenn ich den Begriff gebrauchen darf, Schicksal erlitt dann auch die Hausdruckerei, die 1998 eingestellt wurde. In ihr waren lange Zeit nicht nur die Titelkarten für die Kataloge der Bibliothek und kleinere Publikationen der Bibliothek hergestellt worden, sondern im Rahmen der zentralen Titelkartenvervielfältigung auch die Titelkarten für eine große Anzahl dezentraler Bibliotheken.
Der Hessische Zentralkatalog, der im Jahre 1949 zur Verbesserung der Fernleihgegebenheiten in Hessen und Teilen von Rheinland-Pfalz gegründet worden war und lange Zeit die einzige Möglichkeit darstellte, sich über die Bestände der wissenschaftlichen Bibliotheken dieser Region zu informieren, wurde 2000 geschlossen, nachdem in mehr und mehr Bibliotheken die elektronische Internetrecherche in ihren Katalogen zugelassen wurde.
Der Informationsdienst StUBData, 1984 ins Leben gerufen, um die Benutzer bei der damals noch ungewohnten Recherche in Datenbanken im Internet zu unterstützen, wurde 2001 eingestellt, da inzwischen bei der Mehrzahl der Benutzer genügend Kenntnisse für eigene Recherchen vorhanden waren.

Der hessische Bücherautodienst, der für lange Jahre den Buchtransport zwischen den wissenschaftlichen Bibliotheken des Landes Hessen durchgeführt hatte, wurde im Jahr 2001 beendet.
Im Jahre 2003 wurde die Bibliotheksschule, über viele Jahrzehnte verantwortlich für die verwaltungsinterne Ausbildung in drei verschiedenen Laufbahnen, ebenfalls geschlossen.
Es hat sich aber nicht nur etwas bewegt im Sinne des Vergehens und Verschwindens, sondern es hat sich auch die Zugehörigkeit zur Stadt Frankfurt am Main verändert. Denn wie Sie ja alle wissen, sind wir auf der Basis des Kulturvertrages zwischen Stadt und Land Hessen aus dem Jahre 1999 mit dem 1. Januar 2005 ein Teil der Johann Wolfgang Goethe-Universität, damals noch ohne Stiftung, geworden.

1987 wurde die Katalogisierung mit Hilfe der Datenverarbeitung eingeführt.
1992 wurde das Archivzentrum zunächst im damaligen Literaturhaus in der Bockenheimer Landstraße untergebracht, dann in einem zweiten Schritt 15 Jahre später im Hauptgebäude der Universitätsbibliothek ausgebaut.
1995 haben wir die integrierte Medienbearbeitung eingeführt, d. h. die bisherige Trennung der beiden Abteilungen „Erwerbung" und „Katalogisierung" wurde aufgegeben und alle Arbeitsabläufe wurden in einer Abteilung zusammengefaßt.
1995 wurde ebenfalls der OPAC (Online Public Access Catalogue), in Betrieb genommen, Dadurch wurden unsere Bestände erstmals in einem öffentlich zugänglichen digitalen Bibliothekskatalog nachweisbar.
1999 erlebten wir mit der Inbetriebnahme des sogenannten „U-Bahn-Magazins" unterhalb der Zeppelinallee eine sicherlich spektakuläre Magazinerweiterung im Zusammenhang mit der Eröffnung der U-Bahnlinie vom Hauptbahnhof zur Bockenheimer Warte, die auf rd. 6.000 m^2 Stellplatz für

2.000.000 Einheiten bot und die Zusammenführung aller Bibliotheksbestände an einer Stelle ermöglichte.
2001 wurde nach dem Abbau der Schränke des ehemaligen Zettelkatalogs die Eingangshalle vollständig umgebaut und mit 80 ‚elektronischen' Arbeitsplätzen für Benutzer sowie einem kleinen Bistro und 45 Sitzplätzen mit Tischen ausgestattet. Auf 240 Regalmetern sind Nachschlagewerke des ‚ersten Zugriffs' zugänglich.
2003 schließlich wurde der Lesesaal im Erdgeschoß umgebaut und neu gestaltet.

Es kam aber auch eine ganze Reihe von Aufgaben oder Inhalten völlig neu hinzu.
So begann 1989 der Start der Sammlung Deutscher Drucke, also der Versuch des Aufbaus eines retrospektiven Nationalarchivs der in Deutschland in den jeweiligen politischen Grenzen seit 1450 erschienenen Publikationen.
1997 haben wir die erste konsortiale Lizenz einer Datenbank erworben, seinerzeit der Beilstein-Datenbank, einer chemischen Fachdatenbank.
2000 wurde die Konsortialgeschäftsstelle neu gegründet aufgrund des Umstandes, daß sich abzeichnete, zunehmend mehr Information in digitaler Form zur Verfügung zu stellen
2001 wurden erstmals in größerem Stile elektronische Zeitschriften lizenziert.
Im Jahre 2003 haben wir die Sonntagsöffnung eingeführt einschließlich der Inbetriebnahme der Cafeteria im Erdgeschoß. 2004 waren die ersten E-Books im Angebot.
2007 geschah der doch spektakuläre Erwerb der Herrenhäuser Gartenbibliothek.

Daß wir auch bundesweit in einem Wettbewerb stehen, wollen wir nicht verleugnen, und so haben wir auch in den letzten Jahren an einem Ranking-Verfahren, dem Bibliotheks-Index, welches von der Bertelsmann-Stiftung ins Leben gerufen worden ist, teilgenommen. Wie man aus einem fünfjährigen Vergleich sehen kann, haben wir uns in der Summe, was die größeren Hochschulbibliotheken angeht, auf dem dritten Platz behauptet, wobei der Abstand zum zweiten außerordentlich gering ist, ja, im Detail nur wenige Hundertstel beträgt.

Auszug aus dem Bibliotheksindex

Anzahl Teilnehmer	12	16	18	18	18	16
Jahr	2004	2005	2006	2007	2008	2009
Göttingen	1	1	1	1	1	1
Heidelberg		3	5	5	2	2
Frankfurt		**5**	**3**	**2**	**4**	**3**
Karlsruhe	7	2	10	3	3	4
Freiburg		9	2	4	6	6

Lassen Sie mich nun zu Veränderungen kommen, die ich an konkreten Prozessen darstellen möchte. Die Gesellschaft hatte 1991 den amerikanischen Professor Michael Buckland von der University of California in Berkeley zu Gast, der einen Vortrag hielt „The Vanishing Catalog“. Dieses Phänomen möchte ich Ihnen am Prozeß unseres eigenen Hauses deutlich machen.

Im Jahre 1986 haben wir die EDV für das Aufgabenfeld der Katalogisierung eingeführt. Dies bedeutete eine zunächst veränderte Form der Erzeugung von Katalogkarten, die dann nicht mehr über Schreibmaschinen vervielfältigt, sondern über sogenannte Schnelldrucker erzeugt wurden. Die Speicherung dieser bibliographischen Informationen in digitaler Form hatte dann in einem zweiten Schritt zur Folge, daß wir 1995 für das Publikum den Zugriff freigeben konnten, indem der sogenannte OPAC eingeführt wurde. Gleichzeitig hatte

dies zur Konsequenz, daß der Zettelkatalog damit eingefroren wurde und wir von einer temporären Koexistenz beider, der digitalen und der analogen Form sprechen konnten. Aber auch jetzt war schnell absehbar, daß dieses Nebeneinander keinen rechten Sinn ergab, und so wurde als letzter Schritt der Zettelkatalog konvertiert und 2002 in die digitale Form des OPACs überführt, so daß er seine eigentliche Aufgabe ab diesem Jahr endgültig verlor. In diesem Sinne können wir also von einem Verschwinden des Kataloges durchaus reden. Er hat aber auf eine andere Art und Weise auch wieder eine Auferstehung erfahren. Wenn wir uns die Situation heute anschauen, so sprechen wir von Anreicherungsprozessen und ich versuche, an einem Beispiel deutlich zu machen, was dahinter steht.
Sucht man in unserem Bestand etwa den Titel „Late antique epistomology“, so wird als Ergebnis zunächst eine bibliographische Anzeige in Kurzform geliefert. Durch Anklicken kommt man auf einen weiteren Bildschirm, der zunächst die Möglichkeit eröffnet, dieses Buch auch zu bestellen. Das kann auch von zuhause oder von unterwegs erledigt werden. Gleichzeitig erhalte ich aber noch einen Hinweis auf ein zusätzlich vorhandenes Inhaltsverzeichnis. Wenn ich diesen Hinweis anklicke, dann kann ich mir das Inhaltsverzeichnis dieses Werkes aufrufen und dabei gleichzeitig die Möglichkeit in Anspruch nehmen, festzustellen, ob das, was ich eigentlich suche, in diesem Buch tatsächlich enthalten sein könnte. Die Digitalisierung und ihre Möglichkeiten erlauben die Verknüpfung von Recherche und Zugriff auf Volltext. Sie erlauben diesen Zugriff orts- und zeitunabhängig. In der internationalen Literatur wird dieser Prozeß häufig als Wandel von der Hol- zur Bringbibliothek beschrieben; mit dem Stichwort „Die Bibliothek kommt zu uns“. Wir sollten aber nicht ganz vergessen, daß die Weiterentwicklung dieser Möglichkeiten auf längere Sicht auch dazu führen könnte, die Bibliothek als physischen Ort überflüssig zu machen.

Lassen Sie mich das Thema „Aufsatzrecherche“ noch etwas näher behandeln. Wenn ich in die Zeit von 1988 zurückgehe, so geschah dies damals in vier Schritten. Der Aufsatz mußte zunächst in einer Bibliographie ermittelt werden, damit die notwendigen bibliographischen Daten vorlagen. Dann konnte man in einem Zettel- oder Mikrofichekatalog feststellen, wo sich diese Zeitschrift befand, und ihre Signatur ermitteln. Mit diesem Wissen ausgestattet konnte ein Bestellzettel ausgefüllt werden, der dann ins Magazin wanderte, und danach konnte mit einer gewissen Verzögerung der gewünschte Band abgeholt werden. Der gesamte Prozeß dauerte seinerzeit ein bis drei Tage. Heute läuft ein solcher Prozeß in vielen Fällen in etwa einer bis drei Minuten ab.
Ich möchte Ihnen dieses an einem Beispiel jetzt belegen. Sie suchen in unserem Katalog nach Aufsätzen der für uns zuständigen Vizepräsidentin Frau Prof. Valenti. Sie finden bei dieser Suche eine Anzeige mit einigen Titeln. Durch einen weiteren „Klick“ erfährt man, daß ein Dokument, welches für die Angehörigen der Johann Wolfgang Goethe-Universität freigeschaltet ist, direkt abgerufen werden kann. Wenn man jetzt auf diesen Hinweis klickt, wird man auf die Webseite des Anbieters geleitet, auf der genau dieser Aufsatz dann verzeichnet ist. Man kann ihn sich anschauen, man kann ihn herunterladen und abspeichern, mit nach Hause nehmen, ihn sich ausdrucken … also was immer man damit machen möchte.

Lassen Sie mich einen zweiten Ansatz aufgreifen. Wir bieten auch die Möglichkeit, daß unsere Bestände beispielsweise über Google sichtbar gemacht werden können. Nehmen wir als Beispiel einen Aufsatz von Hermann Beck mit dem Titel „History of Scholarly Information“. Die Google-spezifische Trefferliste zeigt diesen Aufsatz „weit“ vorne an. Ich klicke nun auf diesen Aufsatz und komme auf den Anbieterbildschirm der Zeitschrift, in diesem konkreten Fall des Verlags

Wiley. Und damit sichtbar wird, daß wir diejenigen sind, die diese ganzen Bedingungen geschaffen haben, wird auf diesem Bildschirm auch der Hinweis auf den Lieferanten dieser Dienstleistung, nämlich uns, angezeigt, und der Aufsatz kann sofort von diesem Bildschirm abgerufen werden, womit ich dann diese eine bis drei Minuten wiederum beispielhaft belegt habe.

Damit dies alles funktioniert, sind eine ganze Reihe von Prozessen notwendig. Unsere Konsortialgeschäftsstelle muß die notwendigen Lizenzen beschaffen, indem Lizenzverträge ausgehandelt und abgeschlossen werden. Unsere HeBIS-IT-Abteilung muß die dafür nötigen Autorisierungs- und Authentisierungs-Dienste einrichten, was in Zusammenarbeit mit dem Deutschen Forschungsnetz geschieht. Die hauseigene IT-Abteilung muß die IP-Adreßbereiche verwalten, muß Proxyserver betreiben und für die Nutzer in den Bibliotheken auch die Endgeräte beziehungsweise die Netzkapazitäten bei WLAN-Anbindung zur Verfügung stellen. Und nicht zuletzt die Benutzungsabteilung muß die Nutzerdaten verwalten, damit auseinandergehalten werden kann, wer auf diese Lizenzen Zugriff hat und wer davon aus vertraglichen Gründen auszuschließen ist.
Die Digitalisierung der Bestände, und jetzt rede ich von der Volltextdigitalisierung, ist ein ebenso unaufhaltsamer Prozeß, wie er im Bereich der Katalogdaten bereits vor dreißig Jahren begonnen hat. Hier ein Ausspruch von Robert Darnton, dem Direktor der Harvard University Library auf der Buchmesse in diesem Jahr über wissenschaftliche Bibliotheken: „In the twenty-first century they faced the impossible task of advancing on two fronts, the analogue and the digital". Die Digitalisierung von Sonderbeständen ist auch uns seit über zehn Jahren ein wichtiges und nicht mehr wegzudenkendes Anliegen. Begonnen hat das Ganze mit der Digitalisierung einer Sammlung von Flugschriften der Revolution von 1848

und mit der Digitalisierung von knapp 60.000 Aufnahmen aus der Zeit der deutschen Kolonien, also Fotografien und Dias, entstanden zwischen 1870 und etwa 1920. Diese Arbeit hat auch in dem Magazin der Deutschen Forschungsgemeinschaft mit dem Titel „Forschung" im Jahre 2007 durch einen umfassenden Beitrag eine entsprechende Würdigung und Anerkennung erfahren. Wir haben in der Zwischenzeit aber auch die Bildsammlung Schopenhauer, wir haben die Portraitsammlung Manskopf digitalisiert und wir haben einen Bestand an jiddischen Drucken ebenso in eine digitale Form verwandelt und bieten alles über unsere diversen Homepages und Server auch an. Und es geht immer weiter. Seit einigen Jahren sind alle in Zentraleuropa erschienenen Periodika zum Judentum von ihren Anfängen, die meist in der Mitte des 18. Jahrhunderts liegen, bis zu ihren zwangsweisen Einstellungen durch die Nazis digitalisiert. Dieses hat uns auch einen Anerkennungspreis der UNESCO eingetragen. Wir haben mittlerweile für die Germanistik eine Informationsplattform „Germanistik im Netz" aufgebaut. Wir tun dies für die Biologie mit der „Virtuellen Fachbibliothek Biologie". Wir tun dies für den Bereich Afrika südlich der Sahara und wir tun dies im letzteren Fall gemeinsam mit Leipzig im Hinblick auf eine virtuelle Fachbibliothek Medien, Bühne, Film. Alles Ergebnisse, die letztlich aus unseren Sondersammelgebietsaktivitäten erwachsen.

Was ich Ihnen heute – und die Zeit reicht nicht aus, auf weitere Entwicklungen einzugehen – nicht erzählt habe, sind folgende Sachverhalte:
Welchen Einfluß wird das Google-Book-Settlement auf die zukünftige Entwicklung der Bibliotheken haben?
Wie wirkt sich die Open-Access-Bewegung bei den wissenschaftlichen Publikationen auf unsere Aufgaben aus?
Wann wird das Urheberrecht abgeschafft? Nach seriösen Zukunftsszenarien etwa um 2020.

Wann kommt der Neubau der Zentralbibliothek? Da wissen wir nur, nach jüngsten Auskünften des hessischen Ministeriums der Finanzen, nicht vor 2017.
Die Frage, werden zukünftig Bücher überhaupt noch gebraucht, möchte ich auch offen lassen, denn wir wissen, daß heute zum Beispiel über Twitter alles und jedes mit maximal 140 Zeichen kommuniziert wird. Damit wäre auch die Frage zu stellen, wohin entwickelt sich die Bibliothek in den nächsten zwei bis drei Jahrzehnten? Und ich sage ganz offen, daß diese Frage mit Sicherheit nicht zu beantworten ist. Letztlich läuft es auf eine duale Struktur Neubau oder Internet hinaus. Wir dürfen und können nicht davon ausgehen, daß sich die endgültige Entscheidung völlig zugunsten einer dieser beiden Szenarien auswirken wird. Aber es muß im Augenblick völlig offen bleiben, wie die Aufgabenverteilung zwischen diesen beiden durch einen Neubau oder durch Google symbolisierten Möglichkeiten am Ende aussieht.
Der Kabarettist Joachim Ringelnatz hat hierzu einen sicherlich treffenden Satz geprägt, und dem ist meines Erachtens nichts hinzuzufügen „Sicher ist nur, daß nichts sicher ist. Und auch das ist nicht sicher."
Ich möchte an dieser Stelle ganz herzlich Danke sagen. Sollte dieser Beitrag bei Ihnen mehr Fragen aufgeworfen haben, als daß er Antworten enthielt, so fordere ich Sie ausdrücklich auf, diese Fragen per E-Mail [b.dugall@ub.uni-frankfurt.de] an mich zu richten.

Hilmar Hoffmann

Rolle und Bedeutung von Mäzenen beim Aufbau der Frankfurter Bibliotheksbestände*

Das Thema „Rolle und Bedeutung von Mäzenen beim Aufbau der Frankfurter Bibliotheksbestände“ soll hier, anläßlich dieser Feierstunde, auf einen einzigen, allerdings zentralen Aspekt konzentriert werden: auf die Bedeutung der Legate für die heutige Stadt- und Universitätsbibliothek. Daß die im gleichen Gebäude untergebrachte Senckenbergische Bibliothek aus einer Stiftung Johann Christian Senckenbergs entstanden ist, sei zumindest erwähnt; eine Darstellung ihrer Entwicklung wäre jedoch einen eigenen Vortrag wert.

Lassen Sie mich mit einigen Bemerkungen zur finanziellen Situation beginnen. Mit einigen für uns alle bedenkenswerten Zitaten zu der „Notlage, in der sich gegenwärtig gleich anderen Kulturstätten auch unsere Frankfurter Stadtbibliothek befindet. Es ist weit über Frankfurt bekannt, welche einzigartige Bedeutung unserer Stadtbibliothek zukommt, man weiß, daß sie auch als eine Universitätsbibliothek dient und schon aus diesen Grunde bestrebt sein muß, ihre Bestände zu ergänzen, insbesondere auf die Erwerbung fremdsprachlicher Werke und Zeitschriften Bedacht zu nehmen hat.“

Diese Sätze klingen sehr aktuell. Und doch stammen sie nicht von heute. Ich sagte schon, es handle sich dabei um Zitate. Um Zitate aus dem Jahre 1923.

Man sieht, wir sind zur Zeit in einer vergleichbaren Lage. Wieder einmal müssen staatliche und städtische Verwaltungen bekennen, mit so gut wie leeren öffentlichen Händen

*Vortrag des damaligen Frankfurter Kulturdezernenten Hilmar Hoffmann, gehalten bei der Zehnjahresfeier der Gesellschaft der Freunde der Stadt- und Universitätsbibliothek im Jahr 1994

dazustehen. Aber, wir leben auch, wie damals, in Zeiten, die bewußt machen können, wie sehr Gefährdungen Herausforderungen sind. Herausforderungen an die, die über alle Haushaltsansätze hinaus Mittel benötigen, und Herausforderungen an jene, denen es aufgegeben ist, nach besten Kräften solche Mittel zu beschaffen.

Und so, wie sich damals, vor über 70 Jahren, erfreuliche Konsequenzen ergaben, so sind auch heute Folgerungen aus der Situation gezogen worden, und noch weiter zu ziehen.

Damals, in den zwanziger Jahren, gründeten Frankfurter Bürger eine „Gesellschaft der Freunde der Stadtbibliothek", mit – im Unterschied zu heute – den Oberbürgermeistern Voigt und Landmann als Ehrenvorsitzenden. Die Spuren dieser Vereinigung sind über mehrere Jahre hinweg zu verfolgen. Ihr Ziel war es, die „altehrwürdige Stadtbibliothek, deren Förderung von alters her einen hohen Ruhmestitel der Frankfurter Bürgerschaft gebildet hat, vor der sonst unabwendbaren Gefahr des Rückganges zu bewahren". Selbstverständlich unter der Voraussetzung, „daß die neue Gesellschaft die Stadtverwaltung in ihren kulturellen Verpflichtungen zur Erhaltung der Stadtbibliothek selbst nicht entlasten solle", sah man es als seine Aufgabe an, „die Stadtbibliothek durch Zuwendung von Mitteln zur Vermehrung ihrer Bestände und Unterstützung ihrer Veröffentlichungen zu fördern".

Die Bilanz ist respektabel. Im Laufe mehrerer Jahre wurden wertvolle und kostspielige Werke aus Mitteln der Gesellschaft angeschafft, konnten Lücken in den Zeitschriftenbeständen geschlossen werden, konnte man sich der „Mitwirkung sämtlicher Frankfurter Verlage" versichern, ihre Neuerscheinungen in je einem Exemplar der Bibliothek zur Verfügung zu stellen.

Gleichzeitig finanzierte die Gesellschaft auch die Drucklegung wichtiger Publikationen des Hauses. Zu nennen sind etwa der Katalog der Flugschriften-Sammlung Gustav Freytag von

Paul Hohenemser oder der Katalog der Kirchlichen Musikhandschriften von Karl Süß.

Eine entschiedene Differenz zur Gegenwart ergibt sich freilich, wenn die damalige Gesellschaft der Freunde im Jahre 1927 feststellen konnte, von „Mitteln zur Beschaffung wichtiger und besonders kostbarer Werke“ könne man inzwischen absehen, da „der Bücheretat der Stadtbibliothek sie jetzt selbst in den Stand setzt, ihre Bestände von sich aus zu ergänzen“. Tempora mutantur.

Nach wenigen Jahren, wie gesagt, verlieren sich die Spuren dieser Gesellschaft und ihrer alles in allem erfolgreichen Tätigkeit.

Aber sie hatte und hat eine Nachfolgerin. Wir verzeichnen das mit großer Freude und begrüßen es sehr. Unter veränderten Auspizien und in anderen Zeiten: Heute feiert die „Gesellschaft der Freunde der Stadt- und Universitätsbibliothek“ Geburtstag, den zehnten immerhin schon, eine Vereinigung, deren Ziele ebenso wie die ihrer Vorgängerin lauten, die Unterstützung des inzwischen zu einer der größten deutschen Bibliotheken gewordenen Hauses, dessen Förderung auch und gerade im Sinne eines Mäzenatentums.

In Paragraph 2 ihrer Satzung hat sie als ihren Vereinszweck bestimmt, „die Stadt- und Universitätsbibliothek Frankfurt am Main bei ihren umfassenden Aufgaben zu unterstützen und das Bewußtsein ihrer Bedeutung zu fördern“. Damit sind speziell zusätzliche Mittel für „Sonderanschaffungen, insbesondere Antiquaria, Nachlässe und Autographen“ gemeint, aber auch die Finanzierung der „Herausgabe von Publikationen und Verzeichnissen“.

Die Gesellschaft hat diese selbstgestellte Aufgabe bisher mit bemerkenswerter Energie und erfreulichen Ergebnissen erfüllt. Zu erinnern ist an einige Erwerbungen, die ohne ihre Unterstützung nicht hätten realisiert werden können, so der Kauf dreier bedeutender Faksimiles, so die Ergänzung der Musikabteilung um wichtige Notenmaterialien, so die Erwei-

terung der Sammlung zu 1848 um ein interessantes Stück, das Stammbuch des Paulskirchen-Abgeordneten Alexander Pagenstecher, auf dessen ebenfalls von der Gesellschaft geförderte Faksimile-Edition wir uns alle freuen können.
Und ebenso trat sie als Sponsor für Publikationen auf, etwa bei den ersten Bänden, der „Frankfurter Bibliotheksschriften", über Ludwig Börne, über die Rothschild-Bibliothek und über die Frankfurter Gutenberg-Bibel, bei der Faksimile-Edition eines Frankfurter Reiseführers von 1843, oder auch bei der Publikation der Reihe der „Frankfurter Bibliotheksbriefe", von denen inzwischen neun Hefte vorliegen.
Soviel zum augenblicklichen Stand einer langen Entwicklung, einer ehrwürdigen Historie der Legate und Stiftungen, der willkommenen Spenderaktivitäten, die tief in die Vergangenheit zurückreichen, entsprechend der über 500-jährigen Geschichte, die sich in diesem Hause repräsentiert.
Sprechende Zeugnisse solchen Mäzenatentums hatte man bis vor kurzem nebenan im Bockenheimer Depot unmittelbar vor Augen, in der großen Stadtgeschichte-Ausstellung „FFM 1200 – Traditionen und Perspektiven einer Stadt", die unter zentralen Aspekten die signifikanten Themen, Krisen und Tendenzen der Entwicklung vom 8. Jahrhundert bis zur Gegenwart anhand klug ausgewählter und überzeugend inszenierter Einzelstücke so plastisch wie nachdenklich vor Augen führte. Daß dabei vor allem die bedeutenden lokalhistorischen Sammlungen, das Historische Museum und das Institut für Stadtgeschichte ausführlich heranzuziehen waren, versteht sich. Aber auch der Dritte in diesem Bunde, die Stadt- und Universitätsbibliothek / Senckenbergische Bibliothek, konnte eine Anzahl bemerkenswerter Exponate zur Verfügung stellen, zumeist aus den Beständen der Handschriften-Abteilung, der Abteilung Frankfurt und der Musik-Abteilung.
In diesem Zusammenhang ist besonders hinzuweisen auf einige Drucke des 15. Jahrhunderts aus Venedig, Mainz und

Nürnberg, auf mehrere zentrale Publikationen Martin Luthers aus dem frühen 16. Jahrhundert und auf einige Arbeiten des Frankfurter Bühnenbildners Ludwig Sievert aus dem 20. Jahrhundert.

Alle diese Exponate hatten eines gemeinsam. Sie stammten aus Beständen, die als Legate in die Bibliothek gelangt waren. Daß solche Stiftungen eine derart eindrucksvolle Auswahl an Glanz- und Vorzeigestücken enthalten, deutet, so meine ich, die wesentliche Rolle von Mäzenen beim Aufbau der Bibliothek bereits an.

Ich will versuchen, Ihnen die generelle Bedeutung dieses Mäzenatentums an der Folge einiger ausgewählter Beispiele anschaulich zu machen. Anhand einiger exzeptioneller und essentieller, selbstverständlich nur paradigmatisch zu verstehender Beispiele. Denn es will bedacht sein, daß die Aufführung großer, herausragender Zeugnisse die vielen kleineren und kleinen, im Einzelfall oft nicht weniger substantiellen, in ihrer Summe nicht weniger belangvollen Stiftungen vernachlässigen muß. Das mag ungerecht sein, es bleibt aber in einer Zusammenfassung unumgänglich.

Zugleich wird zu zeigen sein, daß Schenkungstätigkeit für eine Bibliothek eben nicht nur in der generösen Überlassung von Naturalien, von Büchern, Bildern, Autographen und Dokumenten besteht, sondern ebenso in der sinnvollen und gezielten Gewährung von Geldern, von Verfügungsmitteln zur Erwerbung des Gewünschten und Benötigten. Dies war bereits bei der alten „Gesellschaft der Freunde“ zu erwähnen, dafür steht auch die heutige „Gesellschaft der Freunde“ und es bleibt darüber hinaus ein Appell an alle Förderer des Hauses.

Am Beginn der Geschichte jener Institution, die heute Stadt- und Universitätsbibliothek heißt, steht bereits eine Stiftung. Um „ein libery domit uffzcurichten“ – in heutigem Deutsch: um eine Bibliothek damit zu begründen – überließ Ludwig von Marburg zum Paradies seine Privatbibliothek den Frankfurtern. Viele andere Legate schlossen sich an. Umfangreiche und kleinere, gehaltvolle und geringere. Zeugnisse aber allemal des hochentwickelten Sinns der Frankfurter Bürgerschaft für die Vermehrung und Bereicherung ihrer städtisch-öffentlichen Büchersammlung. Zu erkennen ist, welche Impulse für die kontinuierliche Arbeit der Bibliothekare solche Legate bedeuteten, welche wesentlichen Schwerpunkte in der Bestandsentwicklung des Hauses sie darstellten. Und zu belegen ist eine alte Erfahrung aller, die mit derlei zu tun haben: daß stiften anstiften heißt, anstiften zu weiteren Stiftungen.

Wenn ich es richtig sehe, sind es im wesentlichen drei Funktionen, die solche Stiftungstätigkeiten für eine Bibliothek haben. Zum einen begründen sie einen Bestand. Zum andern ergänzen sie einen Bestand. Und zum dritten stellen sie einen eigenen, in sich geschlossenen Bestandsteil dar.

Ludwig von Marburg zum Paradies wurde schon erwähnt. Er vermachte im Jahre 1484 testamentarisch seine Privatbibliothek dem Rat der Stadt, insgesamt 157 Bände, damals eine stattliche Sammlung, vorwiegend juristischen Inhalts. Im Jahre 1527 gelangten die Bücher endgültig in den Besitz der Stadt. Deren Stadtbibliothek war damit begründet. Im Jahre 1704 kamen 164 Manuskripte und Drucke aus dem Nachlaß des Orientalisten Hiob Ludolf an die Bibliothek. Vor allem Werke zur orientalischen Literatur- und Sprachwissenschaft, sowie gelehrte Korrespondenz, 770 Briefe, darunter 55 von Leibniz. Auch ein Beginn der späteren Orient-Abteilung der Bibliothek, und ihrer umfangreichen Autographen-Sammlung, die heute in der Handschriften-Abteilung des Hauses verwahrt wird. Von späteren Zustiftungen, die hierher gehören, sei wenigstens das Legat von Adele Jay erwähnt, 1901, das 688 Briefe von Fürsten, Staatsmännern, Militärs, Dichtern Künstlern, Gelehrten und Komponisten umfaßte, und der Nachlaß von Rudolf Presber, des Herausgebers der Zeitschrift „Über Land und Meer“, 1936/37, mit rund 4.000

Briefen von Persönlichkeiten des kulturellen Lebens des 19. Jahrhunderts.
Einen Nukleus der heutigen materialreichen Francofurtensien-Sammlung bedeutete die Schenkung Heinrich Ehrenfried Luthers im Jahre 1740, eine kostbare Sammlung älterer Drucke, vor allem solcher seines Vorfahren Egenolff, des großen Frankfurter Verlegers und Druckers aus dem 16. Jahrhundert. Im Jahre 1861 erhielt die Bibliothek aus dem Nachlaß von Isaak Markus Jost 868 Werke hebräisch-jüdischer Literatur. Daraus und durch weitere Schenkungen entwickelte sich die Judaica-Sammlung des Hauses, die mittlerweile zur größten des Kontinents herangewachsen ist. Daß Heinrich Henkel im Jahre 1900 bedeutende historische Abschriften der Werke Mozarts, die zum Teil nachweislich aus dem Nachlaß des Komponisten stammten, überwies, mag auch ein Impuls zum Ausbau der heutigen umfangreichen Musik-Abteilung gewesen sein. Fest steht jedenfalls, daß Schopenhauer selbst der Anlaß zur Einrichtung einer eigenen Nachlaßabteilung für ihn war. Er schenkte der Bibliothek kurz vor seinem Tode eine Kollektion von Daguerreotypien. 1905 und 1921 vermachte der Sohn von Schopenhauers Testamentsvollstrecker dem Hause eine Sammlung von Büchern und Handschriften aus dem Besitz des Philosophen, seine Familie fügte später weitere Stiftungen hinzu.
Neben solchen begründenden oder wenigstens anregenden Legaten sind vor allem mäzenatische Handlungen aufzuführen, die bereits vorhandene Bestände ergänzen, erweitern, abrunden. So 1624 Johann Hartmann Beyers etwa 2.600 Titel umfassende Bibliothek medizinischer, mathematischer, astronomischer, geographischer und theologischer Werke, zu der auch 375 Gelehrtenbriefe gehörten. So 1708 Philipp Friedrich Pistors Sammlung von 378 Bänden überwiegend juristischen Inhalts. So Johann Martin Waldschmidts Legat von etwa 3.000 Werken zumeist theologischen Inhalts, 1721. Um nicht nur von Büchern zu sprechen: Heinrich von Barck-

hausen setzte 1750 in seinem Testament der Stadtbibliothek 6.000 Gulden aus, deren Zinsen jährlich zum Ankauf von Arbeiten zur deutschen Geschichte verwendet werden sollten. Dadurch war es möglich, im Laufe der Jahre die Literatur zur deutschen Reichsgeschichte so gut wie vollständig zu erwerben.

Diese zugegeben sehr knappe Übersicht wäre allzu unvollständig ohne die Erwähnung einiger bedeutender Mäzene des 19. und 20. Jahrhunderts. Etwa Heinrich Wilhelm Lehnemann, der 1802 eine 20.000 Titel umfassende Sammlung juristischer Dissertationen und seltener kleiner Drucke stiftete. Oder Johann Georg Varrentrapp, der ab 1881 wiederholt strafrechtliche, polizeiwissenschaftliche und statistische Literatur in größerem Umfang zur Verfügung stellte. Oder Marcus Horovitz, der 1899 eine riesige Kollektion von 4.514 hebräischen Handschriftenfragmenten schenkte – die leider zu den schweren Verlusten des Hauses im Zweiten Weltkrieg gehören. Ebenso verbrannte die wertvolle Familienbibliothek der Holzhausens, die 1923 ins Haus gekommen war. Die dazugehörende große Portraitsammlung mit über 1.200 Holzschnitten und Kupferstichen vor allem zu Frankfurter Persönlichkeiten des 16. bis 18. Jahrhunderts blieb hingegen erfreulicherweise erhalten.

An die 30.000 Portraits von Musikern und Schauspielern vom Ende des 19. und Anfang des 20. Jahrhunderts enthält das Manskopfsche Musikhistorische Museum, das nach Manskopfs Tod 1928 von seinen Erben der Stadt Frankfurt als Schenkung übergeben und 1946 der Stadt- und Universitätsbibliothek angegliedert wurde. Es bereicherte sie um eine Reihe von Nicht-Buch-Materialien: Theater- und Konzertprogramme, Plakate, ca. 10.000 Briefautographen, Musikinstrumente und einige Kuriositäten wie eine Mütze des Kapellmeisters Louis Spohr oder einen Regenschirm aus dem Besitz von Franz Liszt. In den Genuß einer großzügigen Stiftung der Familie Rothschild kam die Stadt Frankfurt als Folge der Inflation Ende der zwanziger Jahre. Die damals nach den modernsten bibliothekarischen Grundsätzen aus den Privatbibliotheken von Carl, Louise, Hannah-Louise und Adolph von Rothschild aufgebaute Sammlung mit Schwerpunkten in den Bereichen neuere europäische Sprachen und Literaturen, Kunst, Musik und Theater wurde nach der Übernahme durch die Stadt zunächst parallel zur Stadtbibliothek weitergeführt und nach dem Zweiten Weltkrieg räumlich mit ihr zusammengelegt.

Schließlich wäre noch an drei sehr umfangreiche und bedeutende Legate zu erinnern. An Johannes August Speltz, der 1899 seine ungewöhnlich große Francofurtensien-Sammlung von 6.706 Einzelstücken stiftete, an Abraham Berliner, der 4.880 Titel hebräisch-jüdischer Literatur spendete, und an Oskar Kling, dessen Nachlaß die Bibliothek um nicht weniger als 26.000 Bände zu den Gebieten Literatur, Kunst, Philosophie und Ethnologie vermehrte.

Dann gibt es noch jene umfangreichen Legate, die eigene, in sich homogene Bestandsteile darstellen, die sozusagen ein gewisses Eigenleben besitzen. 1896 schenkte Leopold Sonnemann der Bibliothek die unschätzbar wertvolle Flugschriften-Sammlung Gustav Freytag, 6.265 Einzeldrucke zur Kultur- und Alltagsgeschichte des 16. und des 17. Jahrhunderts. 1929 kam die Luftfahrtsammlung Louis Liebmanns ins Haus, über 2.000 seltene historische Abhandlungen und graphische Blätter. Es folgten die Kochbuchsammlung und die Bestände der Haeusser-Stiftung, die sich beide als Dauerleihgaben in der Bibliothek befinden – auch dies ist eine Form der Stiftung.

Aus den beiden letzten Jahrzehnten seien, zum Schluß dieser Übersicht, die wissenschaftlichen Nachlässe von Vertretern der Frankfurter Schule genannt, von Horkheimer, Löwenthal und Marcuse, von Mitscherlich und Liebrucks, die heute im Archivzentrum der Bibliothek verwahrt werden.

Man sieht: eine auch in der Kürze der Darstellung beeindruckende geschichtliche Entwicklung. Die Rolle und Bedeutung von Mäzenen beim Aufbau der Bibliotheksbestände ist ebenso vielfältig wie charakterisierend. Zu überschätzen ist sie nicht.
Frankfurts historische Bürgerkultur wäre ohne Stiftungen nicht denkbar. Dafür mögen Namen wie Senckenberg, Städel, Rothschild oder Sonnemann stehen, und viele andere, die im Stiftungsbuch der Stadt verzeichnet sind. Nicht zuletzt begann die Universität, der dieses Haus zuarbeitet, als eine Stiftungsuniversität. Frankfurt und seine öffentlichen Institutionen wären wesentlich ärmer an Bestandshöhepunkten wie an Bestandsfülle ohne solche Manifestationen aktiven, gestalterischen Bürgergeistes.
Wenn Kultur ein Ferment der Politik ist, dann sind Stiftungen ein Ferment der Kultur.
Gewiß, der Mäzen steht mit seiner Kultur auch in einem meßbaren Do-ut-des-Verhältnis. Er realisiert sich in seiner Dotation. Nicht selten will er sich, im Sinne des Wortes, „verewigen". Gerade die Bibliothekare kennen die Denkmalssockel-Funktion der Forderung nach „geschlossener Aufstellung" der gestifteten Bücher. Aber, wie auch immer der Weg gewesen sein mag, die Hauptsache ist das Ziel: der öffentliche Besitz des Geschenkten.
Legate, das steht fest, können gelegentlich Belastungen sein. Zumeist aber sind sie Glücksfälle. Sie gestalten Kultur, sagt der Politiker. Sie sind erfreuliche Überraschungen, sagt der kulturell Interessierte. Sie bedeuten außerplanmäßige Haushaltsergänzungen, sagt der Verwaltungsbeamte. Sie sind jedenfalls etwas, das wir brauchen können, sagt der Bibliothekar, dessen Haus sie bereichern.
Ihr ökonomischer Charme liegt in ihrer Kostenfreiheit, ihr kulturgestaltender Reiz in der Freiwilligkeit.
Lassen Sie es mich so formulieren: Mäzenatische Handlungen definieren kybernetisch den Interessenausgleichs-Charakter

eines Gemeinwesens in einem kulturpolitisch wesentlichen Moment. Sie helfen das zwangsläufig immer wieder instabile Öffentliche durch das stabile Private zu festigen. Sie bringen, an ihrem Ort, Kultur auf den Punkt.

Ich appelliere darum an Sie hier in diesem Saal und darüber hinaus an alle, die es angeht: Stiften Sie, fühlen Sie sich wohl in der Rolle eines Mäzens. Wenn Sie nicht wissen, welche Bücher oder welche CD-ROMs Sie stiften sollen, so stellen Sie Geld zur Verfügung. Die hochspezialisierte Sachkompetenz der Bibliotheks-Mitarbeiter wird jeden Betrag angemessen umsetzen.

Dazu ist anzumerken, daß diese Institution zwar öffentlich gewidmete Produkte bereitstellt, selbst aber nicht den Status der Gemeinnützigkeit hat. So sehen es nun einmal die Juristen. Gemeinnützig, laut Satzung, ist dagegen die „Gesellschaft der Freunde". Sie wird gerne Spendenquittungen ausstellen. Auf Formularen, die breit genug sind, um auch größere Summen eintragen zu können.

Und die Bibliothek wird für jede sinnvolle Zuwendung dankbar sein. Sie wird sie in der nüchternen Mitteilungssprache ihrer Jahresberichte verzeichnen. Gewiß nicht so emphatisch, wie vor 2000 Jahren der römische Dichter Horaz, der einen seiner Gönner als „Abkömmling der uralten Götter", als „Schutz" und „edle Zier" pries. Der solcherart Gefeierte hieß Gaius Mäzenas. Von ihm haben alle ihren Ehrentitel, die Mäzene sind, auch solche, die die Frankfurter Bibliothek mit Schenkungen bedenken.

Ich übertreibe gewiß nicht, wenn ich sage: Dieses Haus kann viel, kann fast alles gebrauchen. Stellen Sie sich für jeden Öffnungstag mehrere Tausend Benutzer und deren vielfältige Wünsche vor. Die Stadt- und Universitätsbibliothek / Senckenbergische Bibliothek ist nicht nur eine zentrale Informationsversorgungs-Maschine für Studierende, die nach Tausenden zählen. Sie bildet auch einen bibliothekarischen Mittelpunkt für die gesamte Rhein-Main-Region. Und sie arbei-

tet in der Fortführung der alten Stadtbibliothek mit deren lokalhistorischen Thesaurierungsfunktionen.
Darum noch einmal: Stiften Sie. Und gewöhnen Sie sich daran. Zur Förderung der Wissenschaften und aller derer, die sie lehren und studieren. Zum Ruhme der Buch- und Bibliothekskultur und zur Ehre unserer Stadt Frankfurt am Main.
Ich danke allen bisherigen und zukünftigen Mäzenen.

Das Archivzentrum dankt der Gesellschaft der Freunde der Stadt- und Universitätsbibliothek

Klagen Bibliotheken im Allgemeinen mit mehr oder weniger Recht über nicht ausreichende finanzielle Mittel, um ihren öffentlichen Auftrag erfüllen zu können, so leiden die Sondersammlungen in den großen Bibliotheken, die zwar oft dem historischen und kulturellen Wert der ganzen Einrichtung zu Glanz verhelfen, vielfach unter einer kurzfristig Kosten-Nutzen-Betrachtung. Sondersammlungen scheinen abgeschlossene Bestände zu sein, die allein schon zu ihrer Erhaltung überdurchschnittlich viel Geld kosten.
Ganz besonders trifft dies zu beim Archivzentrum der Frankfurter Universitätsbibliothek (http://www.ub.uni-frankfurt.de/archive/home.html). Hier sind Aufgaben eines Museums, einer Bibliothek und eines Archivs unauflösbar miteinander verwoben. Eine literaturwissenschaftliche Materialsammlung (das Zeitungsausschnitt-Archiv Lennartz), ein regionalgeschichtliches Archiv zu Elsaß-Lothringen mit Materialien aller Gattungen und Fachgebiete (Erwin-von-Steinbach-Stiftung), die umfangreichen Nachlässe aus der sogenannten Frankfurter Schule (Horkheimer, Marcuse, Löwenthal), Nachlässe anderer Frankfurter Gelehrter (Liebrucks, Heydorn), Psychologen (Mitscherlich, Horn) und als bekannteste Sammlung das Schopenhauer-Archiv bilden eine in ihrer Art einmalige und vielfältige Quellensammlung für die Forschung.
Bei den zahlreichen mit diesem heterogenen Gesamtbestand verbundenen Aufgaben in Bewahrung, Pflege, Restaurierung, Bestandsergänzung und Bestandserschließung ist das Archivzentrum in besonderem Maße auf Freunde, Förderer und Sponsoren angewiesen. So lag es stets im Interesse des Archivzentrums, die Lasten, die sich mitunter sehr plötzlich und in beträchtlicher Höhe ergaben, auf mehrere Schultern

zu verteilen. Eile war immer dann geboten, wenn es galt, ein wertvolles Stück zur Bestandsergänzung auf dem Markt vor anderen, meist nicht öffentlichen, Interessenten zu erwerben. Andere Vorhaben, wie die Restaurierung beschädigter Sammelstücke (Bücher, Manuskripte, Bilder) konnten längerfristig geplant werden.

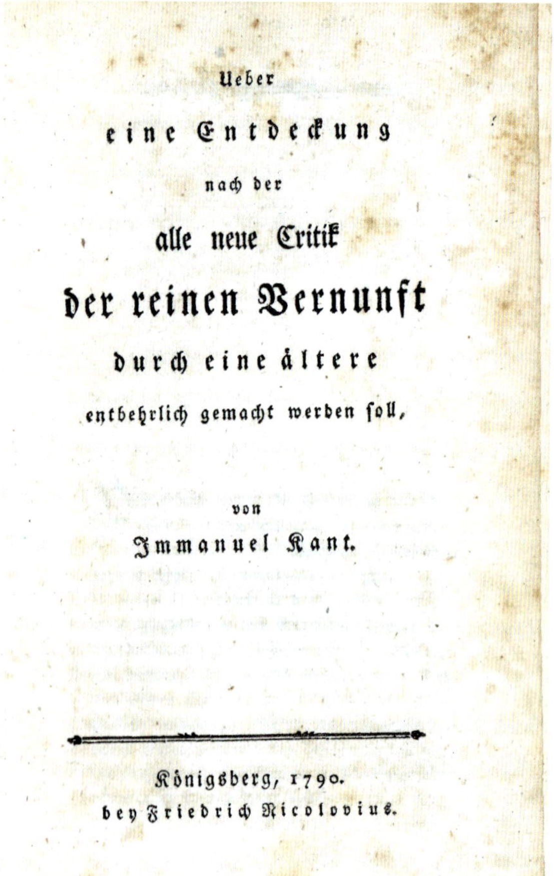

Ueber

eine Entdeckung

nach der

alle neue Critik

der reinen Vernunft

durch eine ältere

entbehrlich gemacht werden soll,

von

Immanuel Kant.

Königsberg, 1790.

bey Friedrich Nicolovius.

In den 25 Jahren ihres Bestehens hat sich die Gesellschaft der Freunde der Frankfurter Stadt- und Universitätsbibliothek stets als verständnisvoller, fachlich kompetenter und zuverlässig hilfreicher Partner erwiesen. Es ist daher hier der rechte Ort, einige der großzügigen Hilfsaktionen, die den Beständen des Archivzentrums in diesem Zeitraum zugute gekommen sind, dankbar in das Gedächtnis zu rufen.
Die erste durch die Gesellschaft der Freunde mit 5.800 DM finanzierte Erwerbung gelang im Jahre 1995 mit dem Ankauf der kleinen Schrift Immanuel Kants: *Ueber eine Entdeckung, nach der alle neue Critik der reinen Vernunft durch eine ältere entbehrlich gemacht werden soll. Königsberg 1790.*[1] Schopenhauer, der sich selbst als Kritiker und Vollender der Kantschen Philosophie sah, besaß zum Zeitpunkt seines Todes nicht nur alle Schriften des Königsberger Philosophen, sondern die meisten ihrer verschiedenen Ausgaben. Ausnahmslos alle hatte er mit dem Stift in der Hand durchgearbeitet, hatte Zustimmung, Kritik und Fragen in fast immer zugespitzter Formulierung an die Ränder geschrieben, hatte die Veränderung der Texte in ihren jeweiligen Neuausgaben kritisch vermerkt um dann, im Vorwort seines 1818 erschienen Hauptwerkes „Die Welt als Wille und Vorstellung", eine genaue Kenntnis sämtlicher Werke Kants zur Voraussetzung des Verständnisses seines Buches zu erklären.
In seinem Testament hatte Schopenhauer die Kant-Exemplare, getrennt von seiner übrigen Bibliothek, gemeinsam mit allen seinen wissenschaftlichen Manuskripten, Julius Frauenstädt vermacht, der auch die Rechte an der Edition der Werke Schopenhauers übertragen bekommen hatte.
Weitere bisher verschollene Bände aus Schopenhauers nachgelassener Bibliothek konnten in den folgenden Jahren jeweils mit erheblicher finanzieller Hilfe durch die Gesellschaft

[1] Estermann, Alfred: „... also ist obige Behauptung falsch": Ein wieder aufgetauchtes Kant-Handexemplar Schopenhauers. In: Schopenhauer-Jahrbuch. 79. 1998; S. 57-84.

der Freunde erworben werden[2]: So im Jahre 2003 eine wissenschaftliche Textausgabe in griechischer Sprache mit lateinischem Kommentar der beiden antiken Komödiendichter Menander und Philemon von Syrakus. Dafür mußte ein Preis von 2.600 € aufgebracht werden.

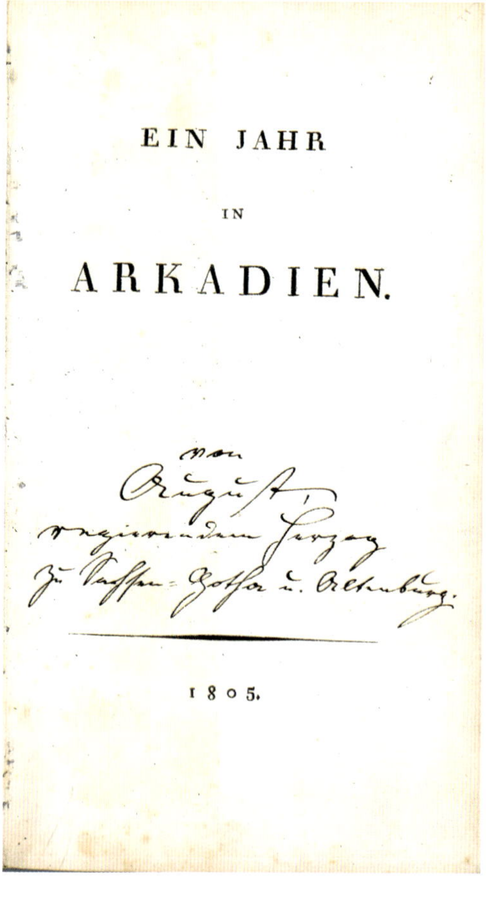

EIN JAHR

IN

ARKADIEN.

von August, regierendem Herzog zu Sachsen-Gotha u. Altenburg.

1805.

[2] Über die jeweiligen Neuerwerbungen wurde vom damaligen Leiter des Archivs, Jochen Stollberg, stets im Schopenhauer-Jahrbuch und auf den Internet-Seiten des Archivzentrums berichtet.

Es folgte 2004 eine zweibändige Ausgabe der Werke des jüdisch-hellenistischen Philosophen Philo von Alexandria und eine besondere Kuriosität: Der seinerzeit regierende Herzog von Sachsen-Coburg-Gotha-Altenburg hatte unter dem Titel: „Ein Jahr in Arkadien" eine Sammlung eigener bukolischer Gedichte homoerotischer Färbung herausgebracht.

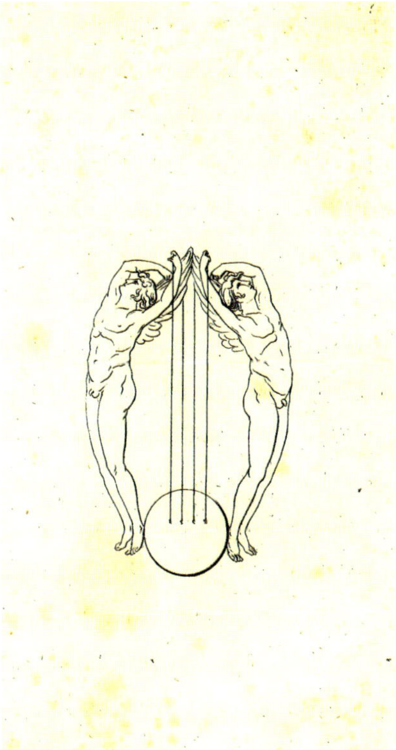

Vignette aus „Ein Jahr in Arkadien"

Schopenhauer spielt in einem Brief an seinen Leipziger Verleger Brockhaus vom 11. April 1818 darauf an, indem er, im Vertrauen auf die Liberalität dieses Fürsten, Altenburg als Ort

für den Druck und die Zensur seines eigenen Werkes empfiehlt. 2006 konnte diese Serie mit dem Kauf von Humboldts „Kosmos" fortgesetzt werden. Für die beiden letztgenannten Titel wandte die Gesellschaft der Freunde zusammen 4.600 € auf.
Ein ganz außerordentlicher Glücksfall war es ebenfalls im Jahre 2006, als dem Archiv eine Handschrift Arthur Schopenhauers angeboten wurde: Es handelte sich um den Entwurf zu einem Aufsatz, den Schopenhauer im Jahre 1849 auf eine Anregung des Magistrats der Stadt Frankfurt verfaßt hatte. Die Stadt beabsichtigte, den Dichterfürsten Johann Wolfgang von Goethe zu seinem 100. Geburtstag durch ein prächtiges Album zu ehren, zu dem bedeutende Persönlichkeiten je einen Aufsatz beitragen sollten. Schopenhauer nutzte die Gelegenheit zu einer leidenschaftlichen Verteidigung von Goethes Leistungen auf dem Gebiet der Farbenlehre, was bei unserem Philosophen natürlich eine heftige Beschimpfung des Publikums einschloß, das noch immer nicht begriffen hatte, worum es bei Goethe ging. Das Album ist dann allerdings nie zustande gekommen. Der Preis für das Manuskript war vom Händler mit 24.000 € angesetzt worden. In einer eilig vereinbarten Verhandlung gelang es, die Forderung auf 20.000 € zu vermindern und innerhalb von drei Tagen die Summe von mehreren Spendern zusammenzubringen. Die Gesellschaft der Freunde übernahm dabei einen Betrag von 6.000 €.

Arthur Schopenhauer war kein bibliophiler Sammler. Für ihn waren Bücher Arbeitsmittel und so sind sie weder prachtvoll gebunden, noch „reinlich" gehalten, sondern voller Arbeitsspuren, Glossen, Anstreichungen, Zeichnungen. Am Ende seines Lebens hinterließ er eine Bibliothek von annähernd 3.000 Bänden. Mehr als drei Viertel davon sind verschollen. Die erhaltenen Bände sind von der Benutzung durch ihren einstmaligen Besitzer ebenso wie von ihren späteren Schicksalen gezeichnet. Um sie der Forschung zu erhalten, bedürfen viele von ihnen einer fachgerechten und aufwendigen Restaurierung.

Supplement zu Bogen 158.
Zu dem Frankfurter Göthe=Album.

Arthur Schopenhauer zu Johann Wolfgang Goethes 100. Geburtstag

In der von allen Sammlungen der Frankfurter Universitätsbibliothek getragenen „Aktion Notbuch“ erfuhr auch das Schopenhauer-Archiv regelmäßig großzügige Förderung. Aus der Bibliothek Schopenhauers konnten in den vergangenen Jahren mit Mitteln (3.165 €) , die die Gesellschaft der Freunde zur Verfügung gestellt hat, 22 Bände restauriert werden. Zwei besonders herausragende Restaurierungsvorhaben sollten einzeln erwähnt werden:
Das Schopenhauer-Archiv sieht in der Sammlung von Porträts des Philosophen eine seiner Hauptaufgaben. Diese Sammlung umfaßt Ölgemälde, plastische Arbeiten, Zeichnungen und künstlerische Drucke sowie Daguerreotypien und Photographien.
Die Daguerreotypien sind Vorläufer der Photographie mit dem wesentlichen Unterschied, daß sie als Daguerreotypie in jedem Stück nur einmal hergestellt werden können, demzufolge schon als Zeugen der Geschichte dieser Technik außerordentlich selten sind. Das Frankfurter Schopenhauer-Archiv besitzt zehn solcher Bilder. Neun davon zeigen das Porträt Arthur Schopenhauers und eines das seiner langjährigen Freundin Caroline Medon. Sieben seiner Porträts hat Schopenhauer persönlich unter Punkt VII in seinem Testament der Stadtbibliothek Frankfurt am Main zum Geschenk gemacht – vorausahnend, daß diese Bibliothek einmal zu einem Zentrum der Pflege seines Werks werde.
In der Vergangenheit waren diese Bilder zwar in lichtgeschützten Kapseln aufbewahrt worden, doch ihr physischer Zustand hatte sich bedenklich verschlechtert. Alte, ungeeignete Papiere, die die Rahmen auf ihrer Rückseite abschließen sollten, waren beschädigt, so daß Luft und Staub eindringen konnten, ja man hatte sogar versucht, diese Defekte mit Tesafilm zu überkleben, was die Schäden erheblich verschlimmerte.

Arthur Schopenhauer auf einer Daguerreotypie
vom 3. September 1852

Schenkungseintrag Arthur Schopenhauers
auf der Rückseite des o.a. Bildes

Eine Restaurierung[3] aller zehn Stücke war dringend erforderlich – und der Kostenvoranschlag lag bei etwa 5.000 € angemessen hoch. Die notwendigen Zusagen für diese Summe wurden ebenfalls von Sponsoren eingeworben und auch in diesem Fall half die Gesellschaft der Freunde mit einem Betrag von 1.000 €.

Für eine weitere Restaurierung hat die Gesellschaft im Jahr 2007 die Kosten von 612 € allein übernommen: Das Original von Arthur Schopenhauers Testament vom 26. Juni 1852. Dieses wertvolle Papier war wegen seines Formats (28,5 x 45 cm) stets zusammengefaltet aufbewahrt worden. Da es zu den wichtigsten erhaltenen Urkunden aus dem Leben des Philosophen zählt, ist es im Laufe der Zeit immer wieder in Ausstellungen gezeigt und von Biographen genutzt worden. So ist mit der Zeit das Papier an den Faltungen gebrochen und es drohte, bei weiterer Nutzung, Textverlust. Die notwendigen Arbeiten konnten abgeschlossen werden, so daß das Dokument in diesem Jahr für die Ausstellung, die die Stadt Frankfurt aus Anlaß des 150. Todestages des Philosophen vorbereitet, gesichert zur Verfügung gestellt werden kann.

Für die anderen Sammlungen des Archivzentrums waren in der Regel solche Hilfen nicht, bzw. noch nicht erforderlich. Einerseits handelte es sich um bedeutend jüngere Materialien, zum anderen erscheinen die Nachlässe als abgeschlossene Einheiten von der Frankfurter Bibliothek übernommen worden zu sein. Im Zusammenhang mit den Vorbereitung zu einer Ausstellung aus Anlaß des 100. Geburtstages des Soziologen und Literaturwissenschaftlers Leo Löwenthal im Jahr 2000 erhielt die Bibliothek von der Witwe des zu Ehrenden noch einmal wertvolles Material zum Kauf angeboten. Die für diese Erwerbung geforderten 8.000 DM wurden ebenfalls

[3] Stollberg, Jochen: Die Restaurierung der Daguerreotypien aus dem Schopenhauer-Archiv. In: Schopenhauer-Jahrbuch 85, 2004; S. 299-307.

von der Gesellschaft der Freunde der Stadt- und Universitätsbibliothek zu Verfügung gestellt.
Die Beispiele, die im vorstehenden Text angeführt sind, zeigen, in welchem Ausmaß die Arbeit einer wissenschaftlich-kulturellen Einrichtung von der Bereitschaft vieler gefördert werden kann. Aber sie zeigen auch, wie sehr der Erfolg eines Zusammenwirkens davon getragen wird, daß es bei den Förderern und Helfern Frauen und Männer gibt, die inhaltlich für die Belange einer solchen Sammlung Verständnis haben und bereit sind, auch auf sehr plötzlich vorgetragenen Bitten oder ungewöhnliche Begründungen rasch und mit Phantasie einzugehen. Dafür sei allen Mitgliedern der Gesellschaft der Freunde der Stadt- und Universitätsbibliothek Frankfurt am Main herzlich gedankt.

Jochen Stollberg

Die Abteilung Frankfurt/Seltene Drucke dankt den Freunden der Universitätsbibliothek für ihre Unterstützung

Seit 1994 haben die „Freunde der Universitätsbibliothek Frankfurt am Main e.V." die „Abteilung Frankfurt/Seltene Drucke" durch die Finanzierung von besonders wertvollen Einzelstücken maßgeblich unterstützt. Vor allem die „Sammlung Frankfurter Drucke" mit Werken, die in Frankfurt am Main zwischen dem 16. und 18. Jahrhundert erschienen sind, erfreute sich dadurch interessanter Zuwächse. Bereits im 19. Jahrhundert machte es sich die Bibliothek (damals Stadtbibliothek Frankfurt) zur Aufgabe, den großen Bestand an Frankfurter Drucken durch antiquarische Ankäufe zu erweitern. Um die Jahrhundertwende investierte die Bibliothek viel Geld in diese Sammlung, die dann Ende des Zweiten Weltkrieges wegen Bombentreffern einige Verluste erleiden mußte. Es ist deshalb besonders erfreulich, wenn diese Lücken durch neu erworbene Exemplare geschlossen werden können.[1]

Die Freunde der Universitätsbibliothek bereicherten auch die Sammlung mit bibliophilen Ausgaben und Pressendrucken aus Frankfurter Editionen. Dieser modernere Sammlungsbereich wurde seit den 1960er Jahren aufgebaut, um auch die nicht nur künstlerisch wertvolle Hand- und Künstlerpressen-Produktion der neueren Zeit abzubilden. Nachdem in den letzten Jahren die Bibliotheksausgaben für diesen Sammlungsbereich stark reduziert werden mußten, ist es sehr zu begrüßen, daß die Freunde der Universitätsbibliothek auch hier Ankäufe ermöglichen.

[1] Nach dem Krieg wurde in der Frankfurt-Abteilung der „Katalog der Frankfurter Drucke" aufgebaut. Dieser steht Kollegen wie Benutzern nach wie vor als konventioneller Zettelkatalog zur Verfügung. Neben dem alphabetischen Zugriff über Verfasser und Titel bietet der so genannte Druckerkatalog den Rechercheeinstieg über Drucker- bzw. Verlegernamen an.

Im Jahre 1998 wurden mit Hilfe der Freunde der Universitätsbibliothek 99 Hefte einer heute seltenen Illustrierten gekauft. Die Zeitschrift „Frankfurter Hausfrau“ bzw. „Süddeutsche Hausfrau“ aus den Jahren 1933 bis 1940 bietet einen interessanten Einblick in die Welt der Hausfrauen im nationalsozialistischen Deutschland (Signatur: Wq 531).
Des Weiteren wurden 2001 vier äußerst unterschiedliche Drucke angekauft. Eine Streitschrift[2] des berühmten Frankfurter Theologen Hartmann Beyer[3], eines Freundes von Philipp Melanchthon. Darin bekämpft Beyer die Irrlehre des Predigers Theobald Thamer, der als Pfarrer am Bartholomäusstift in Frankfurt angestellt war. Thamer wurde noch 1552 abgesetzt und mußte Frankfurt wieder verlassen. Die Flugschrift aus demselben Jahr trägt keinen Druckernamen, wurde aber vermutlich in Frankfurt von David Zöpfel gedruckt. Als zweite Erwerbung des Jahres 2001 gelangte ein kommentierter Vogelschauplan[4] der Frankfurter Innenstadt, gedruckt 1719 von dem Frankfurter Drucker Johann Köllner, in die Frankfurt-Abteilung. Anlaß für den Druck war die Feuersbrunst vom Juni 1719, die 400 Häuser vernichtete und 30 beschädigte. Vierzehn Tote waren zu beklagen. Der Plan bietet eine Übersicht der verbrannten Häuser mit Auflistung der Bewohner.

[2] Beyer, Hartmann: Ein Stück der Predigt Theobaldi Thameri, des abtrünnigen und irrigen Predigers zu Franckfurt im Stifft zu S. Bartholomes, von den Zeugen seiner Lehr / widderlegt durch Hartman Beyer, Prediger des Evangelii daselbst zu den Barfüßern. [Frankfurt am Main: Zöpfel?], 1552 (Signatur: N.libr.Ff. 12076)

[3] Erwähnenswert ist, daß einige Bände der Privatbibliothek Hartmann Beyers über seinen Sohn, den Stadtarzt Johann Hartmann Beyer, in den Bestand der Bibliothek gelangt sind.

[4] Accurate und Warhaffte (dem Geometrischen Auge nach) in Kupffer gebrachte Vorstellung der verbrandten Häuser und Plätze, Wie auch derer Bürger zugehörigen Häuser und Namen : welche durch die den 26. und 27. Junii 1719 in der Kayserl. Freyen-Reichs-Wahl-und Handel-Stadt Franckfurt am Mayn erschröcklich und entsetzlich geschehenen Feuersbrunst Schaden, grosse Noth, ziemliche Ruinirung gelitten und außgestanden haben. [Frankfurt am Main] : Köllner, [1719] (Signatur: Ffm Wq 55)

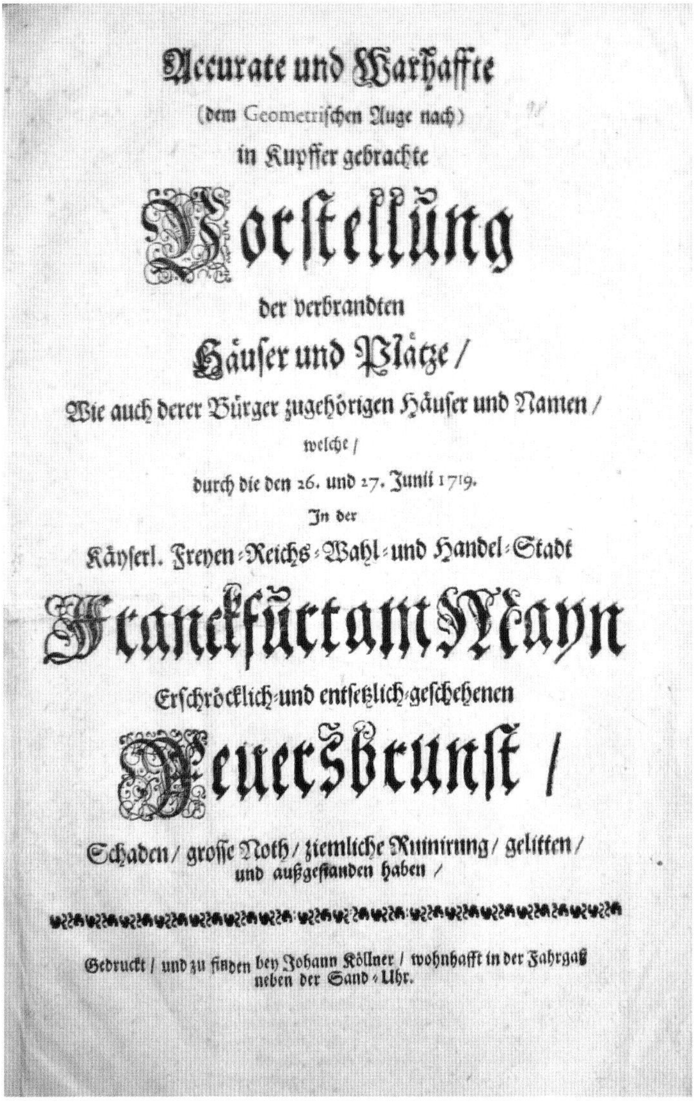

Accurate und Warhaffte
(dem Geometrischen Auge nach)
in Kupffer gebrachte
Vorstellung
der verbrandten
Häuser und Plätze /
Wie auch derer Bürger zugehörigen Häuser und Namen /
welche /
durch die den 26. und 27. Junii 1719.
In der
Käyserl. Freyen-Reichs-Wahl-und Handel-Stadt
Franckfurt am Mayn
Erschröcklich- und entsetzlich-geschehenen
Feuersbrunst /
Schaden / grosse Noth / ziemliche Ruinirung / gelitten /
und außgestanden haben /

Gedruckt / und zu finden bey Johann Köllner / wohnhafft in der Fahrgaß
neben der Sand-Uhr.

Titelblatt des Plans der 1719 verbrannten Häuser

Die dritte Erwerbung bildete eine Ergänzung für die Sammlung seltener deutscher Drucke des 19. Jahrhunderts, nämlich eine Ausgabe der Komödien[5] des altrömischen Dichters Terenz. Diese Lustspiele liegen hier in der Übersetzung des mit Goethe befreundeten Friedrich Hildebrand von Einsiedel vor. Die vierte und letzte Erwerbung des Jahres 2001 war ein Jubiläumsdruck der Bauerschen Gießerei – einer der bekanntesten Schriftgießereien überhaupt. Die bibliophile Ausgabe von Goethes Faust[6] ist illustriert mit Zeichnungen des tschechischen Künstlers Karel Svolinsky. Das angekaufte Exemplar gehört zur seltenen Vorzugsausgabe auf Büttenpapier und enthält eine Textbeilage Ernst Beutlers über die Entstehung des Urfaust.

Zwei Jahre später konnten ebenfalls vier Titel erworben werden, welche sich gut in die bestehenden Schwerpunkte einfügten. Ein neuerlicher Zuwachs für die Sammlung Frankfurter Drucke bildete wiederum ein Titel von Hartmann Beyer[7]: In den Abhandlungen über das mittelalterliche astronomische Werk „De Sphaera“ von Johannes de Sacrobosco zeigt sich der Theologe Beyer von seiner naturwissenschaftlichen Seite. Das Exemplar trägt handschriftliche Marginalien von unbekannter Hand.

Drei modernere Titel wurden im selben Jahr 2003 zur Ergänzung der Sammlung bibliophiler Pressendrucke erworben. Alle drei Publikationen entstammen Frankfurter Editionen. Christian Heinrich Kleukens hatte 1919 mit Rudolf G. Binding in Frankfurt die Kleukens-Presse gegründet. Als elfter Druck erschien dort eine besonders gestaltete Ausgabe von

[5] Terentius Afer, Publius: Lustspiele des Terenz / in freyer metrischer Übersetzung [durch Friedrich Hildebrand von Einsiedel]. Stücke 1 – 6. Leipzig : Göschen, 1802 – 1806 (Signatur: W 2841)

[6] Goethe, Johann Wolfgang von: Faust : nach ältesten Aufzeichnungen / Mit Zeichnungen von Karel Svolinsky. Frankfurt am Main: Verlag der Goldene Brunnen, 1948 (Signatur: Wmq 1532)

[7] Beyer, Hartmann: Quaestiones Novae in libellum De sphaera Ioannis de Sacro Busto: in gratiam studiosae iuventutis olim in Academia Witebergensi collectae / per Hartmannum Beyer, nunc emendatae & auctae. [Frankfurt am Main : Braubach], 1561 (Signatur: N.libr.Ff. 12085)

Shakespeares Sommernachtstraum[8], welche nun auch in Frankfurt vorhanden ist. Das Exemplar trägt einen Pergament-Handeinband aus der Kleukens-Binderei.

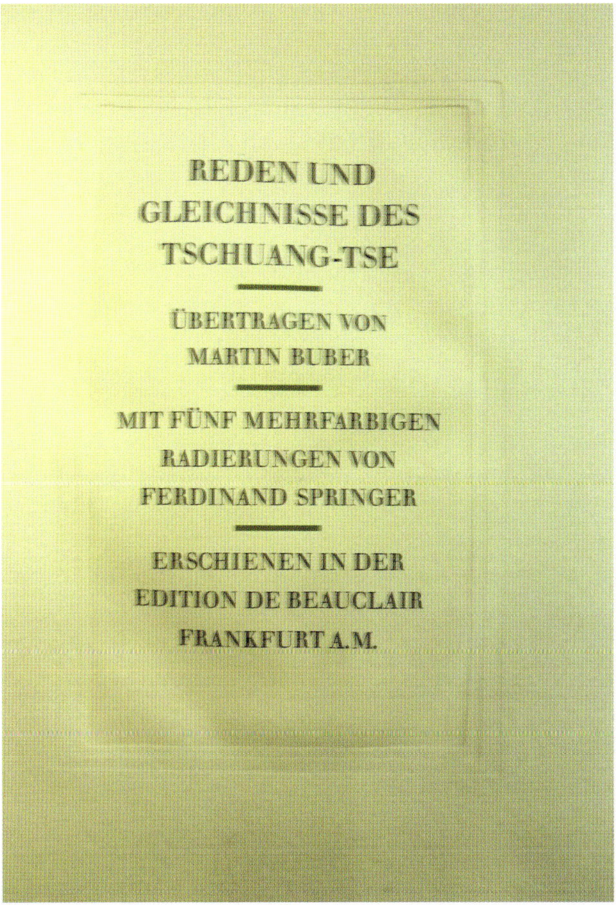

Titelblatt des Beauclair-Drucks von 1970

[8] Shakespeares, William: Ein Sommernachtstraum / übersetzt von August Wilhelm von Schlegel. Frankfurt am Main: Kleukens-Presse, 1923. (Signatur: Wq 611)

Gotthard de Beauclair ist vielleicht der wichtigste Buchgestalter im Frankfurt des 20. Jahrhunderts. Als künstlerischer Leiter der D. Stempel AG verantwortete er auch das Programm bibliophiler Drucke dieser bedeutenden Schriftgießerei, die auf sein Betreiben hin die Trajanus-Presse gründete. Einer der wenigen Titel dieser Presse, welche in der Universitätsbibliothek noch fehlte, war bis dato der 16. Druck mit Gedichten[9] des französischen Dichters Jean Moréas. Mit Mitteln der Freunde der Universitätsbibliothek konnte eines von 85 numerierten Exemplaren erworben werden, welches handsignierte Radierungen von Willy Meyer-Osburg enthält.

Nach Beendigung seiner Tätigkeit als Verlagsleiter beim Insel-Verlag gründete Beauclair die Edition de Beauclair, in welcher er etliche bibliophile Drucke in eigener Regie erscheinen ließ. Als elfter Druck der Edition kamen die „Reden und Gleichnisse“[10] des chinesischen Philosophen Tschuang-Tse heraus, übersetzt durch den jüdischen Theologen Martin Buber. Eines von 120 numerierten Exemplaren ergänzt die nun annähernd komplette Titelsammlung dieser Edition in der Universitätsbibliothek.

Im Jahre 2004 kamen die Kunst, die Medizin und Astronomie zum Zuge: Angekauft werden konnte ein Emblembuch[11] Jean Jacques Boissards mit sechzig Kupferstichen, ediert 1597 von dem Kupferstecher und Verleger Theodor de Bry. Drucker war Johann Feyerabend, ein Verwandter des bekannten Verlegers Sigmund Feyerabend. Ein Jahr zuvor war die lateinische Ausgabe des Emblembuchs unter dem Titel „Theatrum vitae humanae“ ebenfalls bei de Bry erschienen.

[9] Moreas, Jean: Ausgewählte Gedichte / Übertragen und herausgegeben von Gotthard de Beauclair. Mit einer Einbandvignette und ... Original-Radierungen von Willy Meyer-Osburg. Frankfurt am Main: Trajanus-Presse, [1972]. (Signatur: Wmf 709)

[10] Tschuang-Tse: Reden und Gleichnisse / Übersetzung v. Martin Buber; mit fünf Originalradierungen von Ferdinand Springer. Frankfurt am Main: Edition de Beauclair, 1970. (Signatur: Wm T 135)

[11] Boissard, Jean Jacques: Schawspiel menschliches Lebens. Frankfurt am Main: de Bry, 1597: J. Feyerabend (Signatur: 15/633)

Mit dem Ankauf eines astronomisch-medizinischen Ratgebers[12] aus der Feder des Arztes Eucharius Rösslin konnte eine durch Kriegsverlust entstandene Lücke in der Sammlung unserer Egenolff-Drucke wieder geschlossen werden.

Calender/ mit Vnder-
richtung Astronomischer wirckungen/ Na
türlichen Influentz der Gestirn/ Planeten/ vnnd Himlischen Zey-
chen/ Nach welchen gebürliche Artznei vnd Medicin/ so der
Astronomei fürnemlich angehörig/ sol gethon wer-
den. Nach meynung der Alten vnd Newen
bestberhümpten ärtzt vnd Astronomen.

Dabei rechter bericht/ künstliche Astrono-
mische vnd Mathematische Instrument zůzerichten/ Nemlich/
Astrolabia/ Sonnuhrn/ Quadranten/ Compäst ꝛc. Alles
Inhalt beigelegten Registers.

FRANC. Chri. Egenolph.

[12] Rösslin, Eucharius: Calender, mit Underrichtung astronomischer Wirckungen, natürlichen Influentz der Gestirn, Planeten, unnd himlischen Zeychen, nach welchen gebürliche Artznei und Medicin, so der Astronomei fürnemlich angehörig, sol gethon werden … Frankfurt am Main: Egenolff, 1547 (Signatur: 15/634)

Christian Egenolff war der erste Drucker, der sich fest in Frankfurt ansiedelte. Ab 1530 bis zu seinem Tode im Jahr 1555 gingen aus seiner Werkstatt rund 500 bis 600 Drucke verschiedenster Fachgebiete hervor.

Rechenbuch von Jacob Köbel von 1573

Im Jubiläumsjahr 2009 konnte mit Unterstützung der Freunde der Universitätsbibliothek ein seltenes Rechenbuch[13] erworben werden, ein weiteres Beispiel für den Bereich praktischer Ratgeber-Literatur im Verlagsprogramm Egenolffs bzw. seiner Erben. Verfaßt wurde das Büchlein von dem Oppenheimer Buchdrucker, Rechenmeister und Stadtschreiber Jakob Köbel. Unser Exemplar enthält zahlreiche handschriftliche Notizen und Rechenübungen, wohl auch chronikalische bzw. astronomische Aufzeichnungen (16./18. Jh.).
Durch den Hinweis eines Literaturhistorikers wurde die Bibliothek auf einen Sammelband mit fünf sogenannten Volksbüchern[14] aufmerksam, der im selben Jahr auf dem Antiquariatsmarkt angeboten wurde. Die enthaltenen Stücke stammen aus der Offizin von Hermann Gülfferich in Frankfurt. Diese viel gelesenen Büchlein überdauerten üblicherweise wegen der starken (Ab-)Nutzung selten die Jahrhunderte. Die im Sammelband enthaltenen Ausgaben sind entsprechend rar. Die vorliegende Melusine-Ausgabe war bislang unbekannt. Auch diesen Kauf förderten die Freunde der Universitätsbibliothek, um das überaus seltene Konvolut nach Frankfurt zu holen.

Bernhard Wirth

[13] Köbel, Jacob: Rechenbuch Auff Linien und Ziffern fuer die junge angehende Schuler. Frankfurt am Main: Egenolffs Erben, 1573 (Signatur: W 3101)

[14] Der Sammelband enthält fünf separat erschienene Drucke: Die sieben weisen Meister, den Fortunatus, den Grobianus, Das Rätersbüchlein sowie die Melusine. Alle, außer dem Rätersbüchlein, gedruckt bei Gülfferich, zwischen 1551 und 1555 (Signatur: N.libr.Ff. 12125 Nr. 1-5)

Erwerbungen der Handschriftenabteilung mit Unterstützung der Gesellschaft der Freunde

Die Gesellschaft der Freunde der Stadt- und Universitätsbibliothek hat auch die Handschriftenabteilung immer wieder mit wichtigen und sinnvollen Erwerbungen, für die sonst keine Mittel verfügbar waren, unterstützt. Diese Unterstützung erstreckte sich auf drei Bereiche, nämlich den Kauf einer Originalhandschrift, des Pagenstecher-Albums, von teuren Faksimiles und von elektronischen Hilfsmitteln bzw. Datenbanken, die auch für die Handschriftenerschließung mittlerweile zum unentbehrlichen Arbeitsinventar geworden sind.

1. Pagenstecher-Album

Der Mediziner und Abgeordnete der Frankfurter Nationalversammlung Heinrich Carl Alexander Pagenstecher (1799 – 1869) legte im Oktober 1848 bei seinem Ausscheiden aus dem Parlament ein umfangreiches Stammbuch an. Es besteht aus 111 losen Blättern mit Goldschnitt in einer altrosafarbenen Lederkassette mit Goldprägung. Darin finden sich Eintragungen von über 100 Abgeordneten der Nationalversammlung, insbesondere von Angehörigen der Fraktionen der liberalen Mitte, der auch Pagenstecher selbst als Mitglied der „Casino-Partei" zuzurechnen ist. Unter den Schreibern finden sich u. a. der Historiker und Schriftsteller Ernst Moritz Arndt, die Historiker Friedrich Christoph Dahlmann, Johann Gustav Droysen und Georg Waitz, der Präsident der Nationalversammlung Heinrich von Gagern, der Dichter Ludwig Uhland, der „Turnvater" Friedrich Ludwig Jahn. Neben persönlichen Würdigungen für den Empfänger enthalten die Stammbucheinträge meist grundsätzliche Aussagen zur Situation Deutschlands in Bezug auf die Verfassungsfrage.

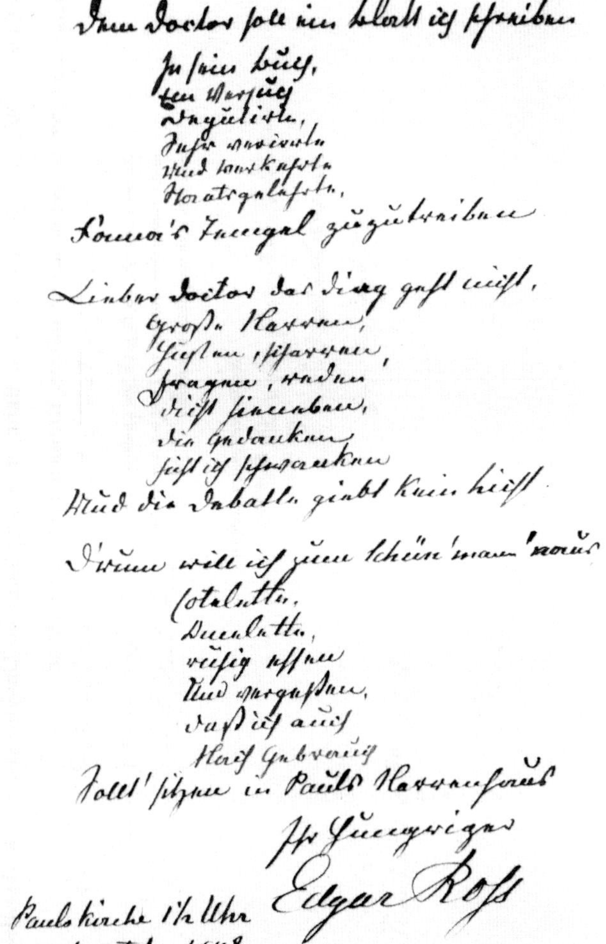
Edgar Ross

Paulskirche 1½ Uhr
26 October 1848

Eintrag von Edgar Ross aus Hamburg im Pagenstecher-Album

Die gemeinsame Arbeit in der Nationalversammlung und in ihren Gremien sowie die Einheit Deutschlands spielen als Themen eine große Rolle. Durch seine Geschlossenheit, die Einheit des Ortes und den kurzen Abfassungszeitraum kommt dem Album ein erheblicher historischer Quellenwert zu. In einer Momentaufnahme scheinen die Ziele, Hoffnungen und Enttäuschungen der Paulskirchenabgeordneten auf.
Das Stammbuch wurde 1991 auf einer Auktion angeboten und konnte mit Unterstützung der Gesellschaft der Freunde angekauft werden. Dies bot sich vor allem deshalb an, weil die Revolution von 1848/49 und die Frankfurter Nationalversammlung seit langem einen Sammelschwerpunkt der Stadt- und Universitätsbibliothek Frankfurt a. M. darstellten und auch für ihre Nachfolgeeinrichtung, die Universitätsbibliothek Johann Christian Senckenberg, bis heute darstellen. Das Album wurde in den Bestand der Handschriftenabteilung eingereiht und wird dort seither unter der Signatur Ms.germ.oct.330 aufbewahrt. Im Jahr 1994 publizierte die Gesellschaft der Freunde eine Faksimileausgabe des Pagenstecher-Albums mit vollständiger Transkription.

2. Faksimiles

Da Faksimiles von mittelalterlichen Handschriften in der Regel auf Grund ihrer aufwendigen, kostenintensiven Herstellungsweise und der meist relativ geringen Stückzahl einen hohen Verkaufspreis haben, können Bibliotheken sie nicht immer aus dem regulären Etat bezahlen. Um so dankbarer sind sie dann, wenn, wie bei den beiden hier kurz vorzustellenden Faksimiles, eine Gesellschaft der Freunde hilfreich an die Seite treten kann.
Das *Turin-Mailänder Stundenbuch* ist ein illuminiertes Stundenbuch, dessen Entstehungszeit um 1388/90 begann und sich in mehreren Etappen über fast sieben Jahrzehnte bis in die Mitte des 15. Jahrhunderts hinzog. Auftraggeber waren

zunächst der Herzog Jean de Berry (1340 – 1416), der für sich noch weitere Schätze der mittelalterlichen Buchmalerei anfertigen ließ, insbesondere das Stundenbuch Très Riches Heures, anschließend Graf Johann von Holland und Herzog Philipp von Burgund.

Verkündigung aus dem Turin-Mailänder Stundenbuch

Die beteiligten Künstler sind nur zum Teil namentlich bekannt, teilweise müssen Notnamen verwendet werden. Es handelt sich um den „Meister des Paraments von Narbonne", Jan van Eyck, der besonders durch den Genter Altar bekannt geworden ist, Hubert van Eyck und den „Meister Johannes' des Täufers". Die Handschrift, die als Besonderheit neben dem eigentlichen Stundenbuch auch ein Meßbuch enthielt, hatte eine spannende und wechselvolle Geschichte. Im 15. und 16. Jahrhundert wurde sie in insgesamt drei Teile aufgeteilt, deren erster heute in der Bibliothèque Nationale in Paris liegt. Der zweite Teil, als „Heures de Turin" bezeichnet, fiel 1904 bis auf vier Blätter, die heute im Pariser Louvre aufbewahrt werden, in der Turiner Nationalbibliothek einem Brand zum Opfer. Der dritte, jetzt als Faksimile[1] vorliegende Teil („Heures de Milan") wurde um 1800 vom Fürsten Gian Giacomo Trivulzio in Mailand erworben und kam 1935 in das Turiner Museo Civico. Er enthält insgesamt 126 Blätter mit 28 Miniaturseiten.
Die *Vorauer Volksbibel* gehört zum Typus der in deutscher Sprache abgefaßten spätmittelalterlichen Historienbibeln, in denen der biblische Stoff frei bearbeitet und durch apokryphe und profanhistorische Erzählungen, insbesondere aus Weltchroniken, ergänzt wurde. Sie sind vielfach reich illustriert und verschafften des Lateinischen unkundigen Menschen, insbesondere in Adel und städtischem Patriziat, die Möglichkeit, sich zu Hause mit der biblischen Geschichte vertraut zu machen. Unter den deutschen Historienbibeln nimmt die Vorauer Volksbibel, die in baierisch-österreichischer Mundart geschrieben ist, einen hohen Rang ein. Auf insgesamt 458 Blättern finden sich nicht weniger als 559 Federzeichnungen, die mit Aquarellfarben koloriert sind. Während sie ursprünglich hauptsächlich zur Textillustration gedacht waren, so kommt ihnen heute auch ein großer Quellenwert für die Ko-

[1] Das Turin-Mailänder Stundenbuch. Handschrift Inv. N° 47, Museo Civico d'Arte Antica, Turin. Faksimileband und Kommentar. – Luzern : Faksimile Verlag, 1994 – 1996.

stüm- und Realienkunde ihrer Entstehungszeit zu. Die Handschrift kann, was bei mittelalterlichen Codices alles andere als selbstverständlich ist, auf den Tag genau datiert werden, da sich gegen Ende ein Vermerk findet, der besagt, daß sie am 31. Oktober 1467 vollendet worden ist. Wann sie in das 1163 gegründete Augustiner-Chorherrenstift Vorau in der nordöstlichen Steiermark gelangt ist, ist nicht überliefert. Erstmals genannt wird sie dort im Jahre 1733. Die Faksimileausgabe erschien 1989 bis 1993 in vier Bänden in der Akademischen Druck- und Verlagsanstalt in Graz.

Himmelfahrt des Elias aus der Vorauer Volksbibel

3. Elektronische Hilfsmittel

a) The Illustrated Incunabula Short-Title Catalogue on CD-ROM (IISTC)

Wer sich eines vollständigen Nachschlagewerks zu Inkunabeltiteln bedienen wollte, war bis in die 90er Jahre immer noch angewiesen auf Ludwig Hains bereits 1826 – 1838 erschienenes Repertorium bibliographicum nebst den zugehörigen Supplementen von Walter Arthur Copinger (London 1895 – 1902) und Dietrich Reichling (München bzw. Münster 1905 – 1914), ein immer noch unentbehrliches Nachschlagewerk, das jedoch keine Bestandsnachweise enthält. Wer zusätzlich wissen wollte, wo sich eine bestimmte Inkunabel befindet, mußte auf den seit 1925 im Erscheinen befindlichen Gesamtkatalog der Wiegendrucke (GW) zurückgreifen, ein Hilfsmittel mit hohem bibliographischen Standard in der Titelaufnahme, das alle Bibliotheken aufführt, die eine bestimmte Inkunabel besitzen, aber bis dato nicht über den Buchstaben H hinausgelangt war. Für die gedruckte Fassung des GW gilt das übrigens bis heute. Dem Wissenschaftler, der eine bestimmte Inkunabel einsehen oder sich Reproduktionen bestellen wollte, blieb daher für den Alphabetabschnitt, der vom GW noch nicht erfaßt war, nichts anderes übrig, als in mehr als 100 gedruckten Inkunabelkatalogen einzelner Bibliotheken, Länder oder Regionen nachzuschlagen, um den Standort festzustellen, ein ebenso zeitraubendes wie mühsames Unterfangen. Hier schuf der IISTC mit seinen zunächst 28.000 Titeldatensätzen und Bestandsnachweisen aus 3.000 Bibliotheken erstmals durchgreifende Abhilfe. Die Suche wurde für den Benutzer erheblich schneller und einfacher. Gleichzeitig liegt es in der Natur eines elektronischen Mediums, daß es durch Kombinationssuche ganz neue Möglichkeiten eröffnet, die gedruckte Kataloge überhaupt nicht bieten können. Als zusätzlicher Service sind 10.000 Abbildungen von Schlüsselseiten aus den Inkunabeln mit den Titeldatensätzen verknüpft und können bei Bedarf aufgerufen werden, um beispielsweise die Drucktype oder einen Holzschnitt zu studieren. Mittlerweile hat die CD-ROM jedoch stark an Bedeutung verloren, weil die Datenbank jetzt auch von der British Library, allerdings ohne Bildseiten, online angeboten wird (http://www.bl.uk/catalogues/istc) und weil das gesamte Datenmaterial des GW von der Staatsbibliothek zu Berlin – Preußischer Kulturbesitz unter der Adresse http://www.gesamtkatalogderwiegendrucke.de ebenfalls online zur Verfügung gestellt wird.

b) Cetedoc Library of Christian Latin Texts (CLCLT)

Zu Beginn der 90er Jahre erschien erstmals diese Volltextdatenbank mit lateinischen Texten auf CD-ROM. Sie basiert auf dem Textmaterial der Series Latina und der Continuatio Mediaevalis, zwei Unterreihen der großen theologischen Reihe Corpus Christianorum, die seit 1953 bzw. 1966 in Belgien erscheinen und Texte von Kirchenvätern und mittelalterlichen Theologen enthalten. Das Erscheinen dieser Datenbank eröffnete zusammen mit der etwa zur selben Zeit auf den Markt gekommenen Patrologia Latina Database (PLD) der Handschriftenerschließung ganz neue, bislang unbekannte Möglichkeiten. Zuvor war es mit Hilfe von gedruckten Editionen und Verzeichnissen von Textanfängen nämlich kaum möglich und stark vom Zufall sowie den individuell vorhandenen Kenntnissen und der Intuition des jeweiligen Bearbeiters abhängig, Fragmente, Textbruchstücke bzw. kurze Exzerpte lateinischer Texte zu identifizieren. Ergänzt wird der auf modernen Textausgaben beruhende Datenbestand der CLCLT durch ausgewählte Texte aus der schon seit 1866 in Wien erscheinenden Reihe Corpus Scriptorum Ecclesiasticorum Latinorum und der noch älteren Patrologia Latina. Dadurch ist erreicht worden, daß besonders wichtige Autoren wie Augustinus, Ambrosius, Hieronymus, Papst Gregor der Große oder Bernhard von Clairvaux vollständig enthalten sind, unabhängig davon, ob ihre Texte bereits alle in neuen Ausgaben des Corpus Christianorum vorliegen oder nicht. Teilweise liegt eine Überschneidung mit der Patrologia Latina Database vor, doch war die Anschaffung der CLCLT aus zwei Gründen eine sinnvolle und wichtige Ergänzung. Erstens enthält sie zu einem erheblichen Teil Texte, die nicht in der PLD enthalten sind, da die Patrologia Latina bereits mit Autoren aus der Zeit kurz nach 1200 endet, während das Corpus Christianorum bis zum Jahr 1500 reicht. Zweitens sind die der CLCLT zugrunde liegenden kritischen Ausgaben des Corpus Christianorum von wesentlich höherer Qualität als die Ausgaben der Patrologia Latina. Später wurde die CLCLT mit der Texte römischer Klassiker enthaltenden Datenbank Bibliotheca Teubneriana Latina vereinigt und ist heute unter dem neuen Namen Library of Latin Texts online zugänglich (http://clt.brepolis.net/llta/Default.aspx).

Bernhard Tönnies

Der Frankfurter Tradition verpflichtet – die Freunde der Universitätsbibliothek fördern die Judaica-Sammlung

Zu den Schätzen der Frankfurter Universitätsbibliothek zählt ohne Zweifel die Judaica-Sammlung, die den größten Bestand an wissenschaftlicher Literatur zum Judentum und zur Landeskunde Israel in der Bundesrepublik Deutschland besitzt und weltweit zu den bedeutendsten Sammlungen ihrer Art zählt. Entstanden ist die Frankfurter Judaica-Sammlung (http://www.ub.uni-frankfurt.de/ssg/judaica.html) in der zweiten Hälfte des 19. Jahrhunderts durch die Schenkung der Privatsammlungen einzelner jüdischer Gelehrter an die damalige Stadtbibliothek sowie durch großzügige finanzielle Zuwendung zahlreicher Frankfurter Juden, darunter so bekannter Familien wie Rothschild, Hallgarten und Speyer. Dieses Engagement bildete in der Folge die Grundlage für einen systematischen Ausbau der Sammlung seitens der Bibliothek und des Magistrats der Stadt Frankfurt. Unter der Leitung von Prof. Dr. Aron Freimann (1871–1948), der die Sammlung von 1898 bis 1933 betreute und in seinen vielfältigen Eigenschaften als Bibliothekar, Gelehrter und Biograph für ihren außergewöhnlichen Bestand sorgte, entwikkelte sie sich bis 1933 zur bedeutendsten Fachbibliothek des europäischen Kontinents. Bis heute gilt der 1932 von Freimann veröffentlichte *Judaica-Katalog*, der auf Grund von Kriegsverlusten nicht mehr als akkurates Bestandsverzeichnis dienen kann, als die größte abgeschlossene Bibliographie der jüdischen Wissenschaft aus der Weimarer Republik und zugleich „als der beste und umfangreichste Judaica-Fachkatalog einer deutschen Bibliothek überhaupt.“[1] Im Dritten Reich blieb die Sammlung im Großen und Ganzen unangetastet. Während die Mehrzahl der hebräischen Bücher durch die

[1] Werner Schochow: Deutsch-jüdische Geschichtswissenschaft. Eine Geschichte ihrer Organisationsformen unter bes. Berücksichtigung der Fachbibliographie, Berlin 1966, S. 125.

Kriegseinwirkungen zerstört wurde, hat sich die Judaica-Sammlung zum größten Teil erhalten und wird als Sammelschwerpunkt der Bibliothek von der Deutschen Forschungsgemeinschaft mitfinanziert. Auf diese Weise werden kontinuierlich alle Neuerscheinungen zu den Themenbereichen Judentum und Landeskunde Israel erworben und gezielt Lückenergänzungen vorgenommen, um auch überregional allen Interessierten eine möglichst vollständige Literaturversorgung zur Verfügung zu stellen.
Im letzten Jahrzehnt konnten die historischen Bestände mit der finanziellen Unterstützung der Deutschen Forschungsgemeinschaft digitalisiert werden und stehen nun mit ihrem Inhalt der Forschung und den Studenten, aber auch jedem Interessierten weltweit kostenlos online im Internet zur Verfügung.
Das Portal der Jiddischen Drucke (http://www.literatur-des-judentums.de) beinhaltet die Sammlung der Werke in jiddischer Sprache und damit in hebräischer Schrift vom 16. bis zum Beginn des 20. Jahrhunderts und bietet damit eine vollständige digitale Bibliothek der jiddischen Literatur dieser Zeit an.
Das Portal Compact Memory (http://www.compactmemory.de) umfaßt 120 deutsch-jüdische Zeitschriften aus dem deutschen Sprachraum, die ein vollständiges Bild des jüdischen Lebens im 18., 19. und frühen 20. Jahrhundert vermitteln. Innerhalb der Datenbank Virtuelle Judaica-Sammlung Frankfurt (http://www.judaica-frankfurt.de) wird der ehemalige Bestand der renommierten „Freimann-Sammlung" aus der Vorkriegszeit in digitaler Form vollständig rekonstruiert. Auf diese Weise wurden die historischen Bestände mit ihren zahlreichen außergewöhnlichen und seltenen Werken fachgerecht bibliothekarisch und systematisch erschlossen und ermöglichen den unterschiedlichen Nutzerkreisen bei ihren Recherchen einen leichten Zugriff auf die bedeutsamen Quellen.

Bei allen zukünftig geplanten Digitalisierungsvorhaben bleibt die Bewahrung des historischen Bestandes, zu der auch die Ergänzung der über Jahrzehnte durch äußere Einflüsse entstandenen Lücken sowie der Ankauf von herausragenden Einzelstücken gehören, weiterhin eine der zentralen, wenn auch äußerst schwierigen Aufgaben von Spezialsammlungen. Die Gesellschaft der Freunde der Frankfurter Universitätsbibliothek hat die Judaica-Abteilung bei den Anstrengungen zur Sicherung der benötigten finanziellen Mittel stets großzügig unterstützt und damit eine Frankfurter Tradition übernommen, die mit dem Untergang des Frankfurter Bürgertums, insbesondere der jüdischen Mäzene der Stadt, nach dem Zweiten Weltkrieg zu ihrem Ende gekommen zu sein schien.
Im Laufe ihres Bestehens hat die Gesellschaft der Freunde mehrere Ankäufe für die Judaica-Abteilung finanziert, darunter auch Faksimileausgaben herausragender Einzelstücke, welche an die Stelle der zahlreichen Zeugnisse des jüdischen Kulturerbes treten, die – ebenso wie die Juden selbst – der nationalsozialistischen Vernichtungspolitik zum Opfer fielen. Im Jahre 1994 finanzierte die Gesellschaft den Ankauf des Werkes *Me'ah Berakhot*, der Faksimileausgabe eines handschriftlichen Miniaturgebetbuches von Hundert jüdischen Segenssprüchen in Hebräisch und Jiddisch aus Mitteleuropa aus dem 18. Jahrhundert. Das Original befindet sich in Privatbesitz, der Faksimile-Druck ist mittlerweile nicht mehr erhältlich.
Das Werk, ein herausragendes Beispiel der Wiederbelebung der hebräischen Handschriftenillumination im 18. Jahrhundert, ist ein Kompendium verschiedener Segenssprüche und enthält Morgen-, Abend- und Tischgebete, Bittgebete für die Sicherheit von Reisenden und zahlreiche Texte für ganz verschiedene Lebenssituationen. Es enthält auch speziell für jüdische Frauen bestimmte Segenssprüche, was darauf schließen läßt, daß die Handschrift als besonderes Geschenk

an eine Frau in Auftrag gegeben worden war. Jedem hebräisch verfaßten Segensspruch ist eine kurze Anweisung auf jiddisch vorangestellt, in der die genaue Ausübung des Rituals erklärt wird.

Das illuminierte Titelblatt, das abgebildet ist, sowie weitere 29 Miniaturbilder vermitteln bildliche Darstellungen der jüdischen Religionspraxis, wie z. B. das Lichterzünden zum Sabbatbeginn, den Ablauf traditioneller Familienmahlzeiten, den Besuch des Ritualbades, der Mikweh, und vieles andere mehr. Auch in der Sammlung der jiddischen Drucke finden sich zahlreiche Abbildungen dieser rituellen Handlungen, die gerne als Vorlage für Abbildungen in modernen Veröffentli-

chungen verwendet werden. Der beigefügte Kommentar-Band enthält eine komplette Übersetzung und Beschreibung des Manuskripts sowie der einzelnen Miniaturen.
Vier Jahre später konnte mit Hilfe der Gesellschaft der Freunde eine originalgetreue Kopie eines der ältesten erhaltenen Fragmente einer Torarolle erworben werden, die in Eichenholz gerahmt ausgestellt ist. Das auf Pergament geschriebene Original aus der Zeit zwischen dem 8. und 12. Jahrhundert wurde in der Genisa von Kairo entdeckt.
Die Judaica-Sammlung umfaßt thematisch alle Facetten des Judentums: Religion, Geschichte, Philosophie, Recht, Literatur, Hebräische Sprache und vieles mehr. So ergänzt die im selben Jahr erworbene Mappe mit „Frank-Rühl-Hebräisch-Tafeln" der Münchner Ausstellung von 1994 ebenso die Vielfalt der Sammlung wie der 2003 getätigte Ankauf des Werkes *Reden und Gleichnisse des Tschuang-Tse* in der Übertragung von Martin Buber aus der renommierten Edition Beauclair. Während mit den Musterblättern der von Raphael Frank in der Leipziger Gießerei C. F. Rühl geschaffenen hebräischen Schrifttype ein Exemplar des mittlerweile weltweit klassischen Zeichensatz für das Hebräische in der Sammlung vorhanden ist, enthält das Werk des deutsch-jüdischen Philosophen Martin Buber mehrfarbige, vom Künstler Ferdinand Springer signierte Radierungen.
Im Jahr 2004 konnte der Bestand um einen hebräischen Pentateuch, gedruckt 1627 in Venedig, sowie das von Ezechiel Landau, Oberrabiner von Prag und Böhmen, verfaßte *Gebet der Prager Juden zum Wohle Ihrer Majestät* aus dem Jahr 1760 erweitert werden.
Die vorläufig jüngste und farbenprächtigste Anschaffung war 2009 der Kauf der Faksimile-Ausgabe der Barcelona-Haggada. Mit ihren zahlreichen farbigen und mit Blattgold verzierten Abbildungen von Personen, Blumen, Tieren und Fabelwesen gilt die Barcelona-Haggada als eines der schönsten Exemplare eines hebräischen Gebetbuches.

Seite aus der Barcelona-Haggada

Die Haggada, in der die überlieferte Geschichte des Auszugs der Juden aus Ägypten festgehalten ist, wird am Sederabend zu Beginn des Pessachfestes während des Festessens im Kreise der jüdischen Familie rezitiert. Das Original, eine sephardische Pergamenthandschrift, befindet sich in der Sammlung der British Library in London. Sie datiert in die Mitte des 14. Jahrhunderts und ist nach dem dargestellten heraldischen Schild benannt, das dem Wappen von Barcelona ähnelt. Ein Kommentarband liefert die englische Übersetzung des Werkes sowie detaillierte wissenschaftliche Erläuterungen. Dieser Ankauf stellt eine wichtige Ergänzung der großen Sammlung von unterschiedlichsten Ausgaben der Pessach-Haggada der Frankfurter Universitätsbibliothek dar. Zu den frühen Drukken zählt auch das von Thomas Murner in Frankfurt gemeinsam mit seinem Bruder Beatus Murner gedruckte *Chukat ha-Pessach, Ritus et celebratio Paschae* aus dem Jahre 1512, das zu den ersten Frankfurter Drucken überhaupt gehört und die lateinische Übersetzung von Pessach-Haggadastücken enthält.

Auch bei der Übernahme von Druckkosten hat die Gesellschaft der Judaica-Abteilung ihre Unterstützung zukommen lassen. So wurde 1996 eine Publikation über die Gründung und wechselhafte Geschichte der Abteilung finanziert, die den Bestand und die Bedeutung der Sammlung nach Jahren des Vergessens erstmals wieder in das Gedächtnis der Allgemeinheit rief und auch international sehr öffentlichkeitswirksam war.[2] Der dadurch initiierte wachsende Bekanntheitsgrad hat langfristig sicherlich auch mit dazu beigetragen, daß der Frankfurter Judaica-Abteilung die Federführung bei dem Projekt Judaica Europeana (www.judaica-europeana.eu) übertragen wurde, bei dem 10 europäische Einrichtungen mit jüdischen Sammlungen zusammenarbeiten. Es handelt sich um ein digitales Projekt, das von dem eContentplus-Programm der Europäischen Kommission eine substantielle Förderung erhalten hat, um im Rahmen von Europeana –

[2] Rachel Heuberger: Bibliothek des Judentums. Die Hebraica- und Judaica-Sammlung der Stadt- und Universitätsbibliothek Frankfurt am Main – Entstehung, Geschichte und heutige Aufgaben, Frankfurt am Main 1996.

dem Online-Netzwerk der Archive, Bibliotheken und Museen Europas – jüdisches Kulturerbe in Europa zu digitalisieren und den multilingualen Zugriff auf die ganze Bandbreite jüdischer Kultur zu ermöglichen. Dieses Projekt zählt zu den wenigen themenorientierten Projekten, die von der EU für Europeana mitfinanziert werden.
Die Gesellschaft erklärte sich 2008 auch bereit, einen Teil der Kosten der Ausstellung sowie des Kataloges zum 100. Todestag des Frankfurter Mäzens und Sozialreformers Charles Hallgarten zu übernehmen, was dann allerdings durch die Bereitstellung anderweitiger Mittel nicht nötig wurde. Die Ausstellung wurde in der Universitätsbibliothek gezeigt, der Begleitband erschien im Rahmen der von der Gesellschaft herausgegebenen Frankfurter Bibliotheksschriften.[3]
Mit ihrer kontinuierlichen Unterstützung haben die Mitglieder der Gesellschaft der Freunde der Frankfurter Universitätsbibliothek die Judaica-Abteilung nicht nur bei der wertvollen Archivierungsarbeit gestärkt und mitgeholfen, kulturelles Erbe zu bewahren, sondern gleichzeitig die Abteilung auch in ihrer Funktion als Erinnerungs- und Gedächtnisort gestärkt. Auf diese Weise wird die Aufarbeitung der nationalsozialistischen Vergangenheit vorangetrieben und gleichzeitig die moderne Forschung gefördert. Für das gemeinschaftliche Bürgerengagement in bester Frankfurter Tradition sei den Mitgliedern der Gesellschaft an dieser Stelle der besonders herzliche Dank ausgesprochen, verbunden mit dem Vertrauen, daß diese Tradition auch zukünftig fortgesetzt werden wird.

Rachel Heuberger

[3] Ein Amerikaner in Frankfurt am Main. Der Mäzen und Sozialreformer Charles Hallgarten (1838-1908), hrsg. von Rachel Heuberger und Helga Krohn, Frankfurt am Main 2008.

Die Förderung der Abteilung Musik, Theater, Film durch die Gesellschaft der Freunde

Eine Universität teilt in der Regel ihrer Bibliothek Gelder zu, die für die Beschaffung von Lehrbüchern und Forschungsliteratur gedacht sind. Besitzt eine Universitätsbibliothek historische Sondersammlungen, entsteht oft ein Problem: Wie können diese Sammlungen erhalten und ausgebaut werden? Da keine regulär zugewiesenen Mittel dafür verfügbar sind, ist die Bibliothek auf Sponsoren angewiesen, Stiftungen oder Gesellschaften, die den Wert der vorhandenen Sammlungen erkennen und bereit sind, sie zu fördern.
Die Abteilung Musik, Theater, Film kann auf eine über sechzigjährige Geschichte zurückblicken. Ihre Wurzeln bilden die Städtischen Musiksammlungen (kirchliche Musikdrucke und Musikhandschriften, Opernsammlung), Teilbestände der Rothschildschen Bibliothek (Literatur über Musik und Theater, Noten) und das Musikhistorische Museum des Friedrich Nicolas Manskopf, die seit 1947 in der Abteilung vereinigt sind.
Über Details ihrer Geschichte und über ihre Sammlungen kann man sich im Internet informieren unter der Adresse <http://www.ub.uni-frankfurt.de/musik.html>.
Die Gesellschaft der Freunde der Universitätsbibliothek Frankfurt am Main hat seit Beginn ihres Bestehens immer wieder Ankäufe ermöglicht, die bedeutende Bestände der Abteilung Musik, Theater, Film ergänzen.
Im Jahr 1993 konnte für 2.500 DM aus Mitteln der Gesellschaft die Sammlung Schmitt-Thomas erworben werden.
Die Sammlung enthält Noten (195 Einheiten, Schwerpunkt 19. und frühes 20. Jahrhundert), Monographien zum Thema Musik und bildende Kunst sowie eine neun Leitz-Ordner umfassende, thematisch gegliederte Zusammenstellung von

Bildern mit Musikmotiven (Abbildungen aus Kalendern und Zeitschriften). Der vormalig am Institut für Musikpädagogik beschäftigte Dr. Schmitt-Thomas hatte diese Sammlung über Jahrzehnte hinweg zusammengetragen und wollte sie durch den Verkauf an die Bibliothek nun der Öffentlichkeit zugänglich machen.

E. Humperdinck: Hänsel und Gretel, gedruckter Klavierauszug mit Korrekturen des Komponisten [Mus. Hs. 2546, S. 53]

1994 ermöglichte die Gesellschaft der Freunde der Universitätsbibliothek den Ankauf einer wichtigen Vorstufe zu dem schließlich publizierten Klavierauszug von Engelbert Humperdincks Märchenoper „Hänsel und Gretel“: den Korrekturabdruck für die Ausgabe im Verlag B. Schott's Söhne, Mainz, (Preis: 2.500 DM).
Wegen der handschriftlichen Eintragungen erhielt der Druck die Signatur Mus. Hs. 2546. Er umfasst 96 Blatt im Format 34,0 x 27,0 cm. Die Blätter sind teilweise doppelseitig, teilweise einseitig bedruckt und mit den handschriftlichen Korrekturen Engelbert Humperdincks und seiner Schwester, Adelheid Wette, versehen.
Von Adelheid Wette gelangte das Exemplar über A. Vondey an deren Neffen K. Arnold, der es der Bibliothek zum Kauf anbot. Es trägt die Widmung „A. Vondey / zur freundlichen Erinnerung / an A. W.“
Mit dieser Erwerbung konnte eine Lücke in der Überlieferung dieses Werkes geschlossen werden.

Zum Nachlass Engelbert Humperdinck
Zu den bedeutenden Nachlässen im Bestand der Universitätsbibliothek gehört der des Komponisten Engelbert Humperdinck (1854-1921). Humperdinck wurde in Siegburg geboren, studierte in Köln und München und entwickelte sich dort zu einem passionierten Anhänger Richard Wagners. Wagner war zeitweise so dominierend für sein Leben, dass Humperdinck sich erst im Alter von knapp 40 Jahren künstlerisch von ihm emanzipieren konnte und zu seinem eigenen Kompositionsstil fand. Dies geschah vor allem in Frankfurt. Nach befristeten Tätigkeiten als Kapellmeister in Köln, musikalischer Gesellschafter in Essen sowie als Bearbeiter fremder musikalischer Werke für den Verlag Schott in Mainz fand Humperdinck 1890 in Frankfurt am Main zwei dauerhafte Stellen, die ihm zu innerer Ruhe und zu künstlerischer Entwicklung verhalfen. Hier ehelichte er Hedwig Taxer, die ebenfalls aus Siegburg stammte.

Für die Frankfurter Zeitung schrieb Humperdinck Rezensionen über Frankfurter Opernaufführungen und Musikereignisse, im Sommer auch Rezensionen zu den Bayreuther Festspielen, wodurch die Kontakte zur Familie Wagner erhalten und aufgefrischt wurden. Am Dr. Hoch'schen Konservatorium hatte Humperdinck zunächst einen Lehrauftrag für Musiktheorie und Chorleitung, der später auf Kompositionsunterricht ausgedehnt wurde.
Daneben komponierte er. Beinahe legendär ist die Entstehung seines bekanntesten Werkes „Hänsel und Gretel": auf Bitten seiner Schwester schrieb er für das Märchen Hänsel und Gretel einige Lieder, die von Nichten und Neffen im Familienkreise aufgeführt wurden. Die Familie ermunterte ihn, ein Singspiel daraus zu machen und lieferte entsprechende Textvorlagen. Im Freundes- und Bekanntenkreis kam das Werk so gut an, dass Humperdinck beschloss, eine komplette Oper daraus zu machen.
Das Particell dieser Oper widmete er Weihnachten 1891 seiner damaligen Verlobten Hedwig Taxer. Zwei Jahre später war die Orchestrierung des Werkes abgeschlossen und es konnte seinen Erfolgszug von Weimar (Dez. 1893), München über Frankfurt (März 1894) in alle Welt antreten.
Mehrere Werkstufen von Hänsel und Gretel sind im Nachlass erhalten: Texte und Noten der Lieder für das Singspiel, das Particell, die autographe Partitur des Werkes sowie verschiedene Druckausgaben. Der Korrekturabdruck für die Ausgabe im Verlag B. Schott's Söhne, Mainz war ein noch fehlendes Glied in der Überlieferungskette dieses berühmten Werkes.
Humperdinck wurde mit diesem Werk schlagartig bekannt, und im Laufe weniger Jahre auch wohlhabend durch die Tantiemen von den Aufführungen in aller Welt. So konnte er im Jahre 1897 seine Frankfurter Anstellungen kündigen, eine Villa in Boppard mit Blick auf den Rhein erwerben und dort als freischaffender Komponist im Kreise seiner inzwischen auf fünf Personen angewachsenen Familie zu leben.

Aus dieser Umbruchphase stammt ein Briefwechsel mit dem Prager Musikkritiker Richard Batka, Herausgeber der „Neuen Musik-Rundschau“, in dem sich seine Ansichten zu seinen musikalischen Werken, zu Werken anderer Komponisten und zum Musikjournalismus widerspiegeln. Es ist auch einiges über die familiären Verhältnisse zu erfahren. Der Erwerb dieser Serie von zehn Postkarten aus den Jahren 1896 bis 1898, außerdem zwei Postkarten von Hedwig Humperdinck an Batka (Frankfurt 1896 und Boppard 1897) im Jahre 1996 aus dem Antiquariat Theisen in Siegburg zum Preis von 5.400,– DM ist ebenfalls dem finanziellen Engagement der Gesellschaft der Freunde der Universitätsbibliothek zu verdanken.

Ein mehrfach wiederkehrendes Thema dieses Briefwechsels ist das in Frankfurt entstandene Melodram Königskinder (Uraufführung 1897 in München), das später zur Oper umgearbeitet wurde (Uraufführung 1910 in New York). Ein Melodram ist ein musikalisches Werk, in dem Text zu einer unterlegten Musik gesprochen wird. Humperdinck hatte mit dem „gebundenen Melodram“ eine besonders kunstvolle Art des Melodrams erfunden, bei der der Text auf bestimmten Tonhöhen und im vorgegebenen Rhythmus gesprochen werden soll. Diese neue Form des Vortrages stellte hohe Ansprüche an die Sänger.

Bei der Münchener Uraufführung war er nicht recht zufrieden mit der Darbietung. Die Frankfurter Erstaufführung (mit Hedwig Schacko in der Hauptrolle und Ludwig Rottenberg als Dirigenten) entsprach weit mehr seinen Vorstellungen:

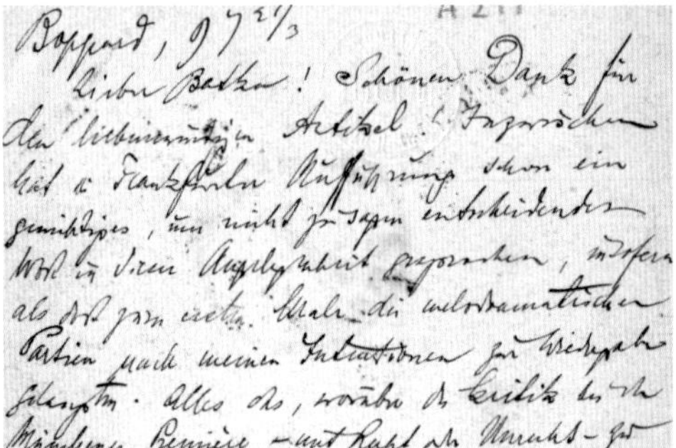
Boppard, 97 21/3
Lieber Batka! Schönen Dank für den liebenswürdigen Artikel. [illegible] Frankfurter Aufführung schon ein gewichtiges, um nicht zu sagen entscheidendes Wort in dieser Angelegenheit gesprochen, insofern als dort zum ersten Male die melodramatischen Partien nach meinen Intentionen zur Wiedergabe gelangten. Alles das, worüber die Kritik bei der Münchener Premiere – und wohl mit Recht – zu klagen hatte, fiel hier ganz von selbst weg; man verstand nicht nur jedes Wort und jeden Ton, sondern beide flossen zu einer neuen Einheit zusammen, welche eben jenes specificum der melodramatischen Ausdrucksform bildet. [illegible]

Postkarte von E. Humperdinck an Richard Batka, Boppard, 21.03.1897 bezüglich der Aufführung seines Melodrams „Königskinder“ in Frankfurt/M. [Mus. Autogr. E. Humperdinck A 299]

Boppard, den 21.3.1897
Lieber Batka!
Schönen Dank für den liebenswürdigen Artikel! Inzwischen hat die Frankfurter Aufführung schon ein gewichtiges, um nicht zu sagen entscheidendes Wort in dieser Angelegenheit gesprochen, insofern als dort zum ersten Male die melodramatischen Partien nach meinen Intentionen zur Wiedergabe gelangten. Alles das, worüber die Kritik bei der Münchener Première – mit Recht oder Unrecht – zu klagen hatte, fiel hier ganz von selbst weg; man verstand nicht nur jedes Wort und jeden Ton, sonders beide flossen auch zu einer neuen Einheit zusammen, welche eben jenes Specificum der melodramatischen Ausdrucksform bildet. Dabei muss berücksichtigt werden, dass in Fr. weder die Darsteller nötig hatten sich übermäßig anzustrengen noch das Orchester durch Decimierung und andere Kunstgriffe etwas in seiner Farbe und seinem Duft einbüßte. Diese Verschiedenheit der Wirkung war lediglich durch die Art der Einstudierung bedingt, die in Frf. aus dem Geiste der Musik vorgenommen wurde.– Für heute nur so viel; wir sind mitten im Einzug in unsere Villa begriffen; hoffentlich haben wir bald einmal die Freude, Sie hier zu begrüßen. Herzlichst Ihr
E Humperdinck

Anfang des Jahres 1898 berichtet Humperdinck von privaten Dingen, die mit der problematischen Geburt seiner Tochter Olga zusammenhängen.

Boppard, den 30.1.98
Lieber Freund, aus Ihrer Karte sehe ich zu meiner Freude, dass Sie wirklich noch leben und – meiner gedenken. Ich kann Ihnen das Gleiche sagen von mir sowie von meiner Frau, die allerdings 3 Wochen nahe daran war, vom Leben Abschied zu nehmen und sich seit 14 Tagen in einem

Frankfurter Krankenhause befindet, wo sie eine schwere Operation durchzumachen hatte, und mich außerdem mit einer Tochter beschenkte. Ich bin nur auf 2 Tage in Boppard, um nach den Meinigen zu sehen, und gehe morgen wieder zu meiner Frau (Adr. Diakonissenhaus Gausstraße 16), die ich hoffentlich in 8 Tagen wieder wohlbehalten dem Kreis ihrer Familie zuführen darf. Herzl. Dank für Ihre Sendung.
mit Gruß
Ihr E H.[1]

Symphonie Nr. 3, Es-Dur, op. 55, "Eroica" [Musikdruck]: Partitur-Manuskript (Beethovens Handexemplar) [Mus Wq 215]

Von Interesse sowohl für Studierende der Musikwissenschaft als auch für interessierte Musikliebhaber ist das Faksimile von Ludwig van Beethovens Sinfonie „Eroica“, das 2003 mit Mitteln der Freunde der Universitätsbibliothek erworben

[1] Mus. Autogr. E. Humperdinck A 304

wurde. Es bietet die Möglichkeit, die Handschrift Beethovens mit den Neuausgaben der Sinfonie vergleichen zu können. Ebenfalls im Jahre 2003 erwarb die Gesellschaft der Freunde der Universitätsbibliothek für die Abteilung Musik, Theater, Film antiquarisch einen Druck der Venezianischen Gondellieder von Felix Mendelssohn Bartholdy (Lieder ohne Worte opus 19 Nr. 6, opus 62 Nr. 5, opus 30 Nr. 6) mit vier Radierungen von Hermann Struck, Berlin: Horodisch & Marx, 1925.

Eine der vier Illustrationen von Hermann Struck zu Felix Mendelssohn Bartholdys Venezianischen Gondelliedern [Mus Wq 214]

Das Jahr 2004 stand im Zeichen von Georg Philipp Telemann: Die Gesellschaft der Freunde der Universitätsbibliothek ermöglichte den Ankauf der 122 Mikrofiches umfassenden Verfilmung der Telemannsammlung der Singakademie aus dem Verlag K. G. Saur.[2]
Die erworbene Mikrofichesammlung ergänzt in sinnvoller Weise eine der international bedeutenden Sammlungen der Universitätsbibliothek Frankfurt: die Sammlung der kirchlichen Musikhandschriften und besonders die darin enthaltenen Kantaten Georg Philipp Telemanns, die größte Sammlung Telemannscher Kantatenhandschriften weltweit.
Die Telemann-Sammlung der Berliner Singakademie enthält neben Instrumentalwerken zahlreiche Kantaten, darunter viele Unika. Es handelt sich teilweise um Kantaten aus Jahrgängen, die in Frankfurt nur unvollständig oder gar nicht überliefert sind, wie der sogenannte „oratorische" Jahrgang auf Texte von Albrecht Jacob Zell.
Das Archiv der Sing-Akademie zu Berlin, angelegt von Chorleiter Carl Friedrich Zelter, ist eine der reichsten historischen Musiksammlungen des achtzehnten Jahrhunderts. Es enthält ca. 264.100 Seiten Autographe, Abschriften und einige seltene Notendrucke – überwiegend Erstdrucke mit handschriftlichen Widmungen und Anmerkungen. Anfang der 1940er Jahre wurde es von Werner Menke für seine Dissertation über Telemanns Kantaten und für sein Telemann-Vokalwerke-Verzeichnis noch eingehend gesichtet und untersucht. Nach dem zweiten Weltkrieg galt die Sammlung als verschollen. Rund 50 Jahre später wurde sie von Forschern der Universität Harvard (federführend: Christoph Wolff) im Staatsarchiv der Ukraine in Kiew aufgespürt. Nach politischen Ver-

[2] Musikhandschriften der Staatsbibliothek zu Berlin – Preußischer Kulturbesitz […] / hrsg. von der Staatsbibliothek zu Berlin – Preußischer Kulturbesitz; Teil 2, Die Georg-Philipp-Telemann-Sammlung : Suppl. 2, Die Telemann-Sammlung aus dem Archiv der Sing-Akademie zu Berlin […]/ hrsg. von der Sing-Akademie zu Berlin. Bearb. von Axel Fischer …[HM 20: Wt 505]

handlungen auf höchster Ebene wurde die Sammlung 2001 wieder an die Staatsbibliothek zu Berlin zurückgegeben, anschließend verfilmt und in einem thematischen Katalog erfaßt. Das Archiv wird derzeit in der Staatsbibliothek zu Berlin aufbewahrt und ist dort nutzbar. [3]

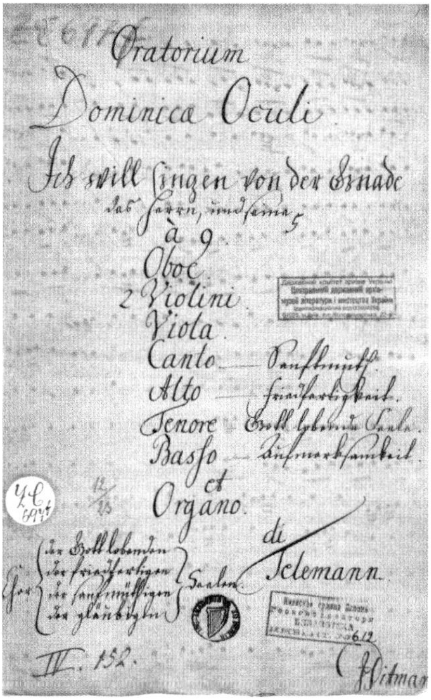

Fig. 5: Georg Philipp Telemann: cantata „Ich will singen von der Gnade des Herrn“
TWV 1:893, SA 612

G. Ph. Telemann: Ich will singen von der Gnade des Herrn, TVWV 1:893, Titelblatt, Berlin, Singakademie 612 (alte Sign.: ZC 697b), aus: Das Archiv der Sing-Akademie zu Berlin / Katalog. Berlin 2010, S. 54

[3] Literatur: Das Archiv der Sing-Akademie zu Berlin / Katalog / im Auftrag der Sing-Akademie zu Berlin. Mit Beiträgen von Axel Fischer, Matthias Kornemann ... Berlin [u. a]: de Gruyter, 2010. – 773 S.
Darin besonders: Reipsch, Ralph-Jürgen: Die Georg Philipp Telemann-Sammlung, S. 151-160 sowie http://www.sing-akademie.de/ (gesichtet 14.07.2010)

Die Gesellschaft der Freunde unterstützte darüber hinaus im Jahr 2008 mit 1.500 € den Druck des Kongreßbandes „Telemanns Vokalmusik. Über Texte, Formen und Werke", hrsg. von Adolf Nowak ... Hildesheim 2008 (Studien und Materialien zur Musikwissenschaft. 49), in dem die Ergebnisse des zweiten Frankfurter Telemann-Symposiums 2001 publiziert wurden.

Im Jahr 2006 förderten die Freunde mit 735 € den Ankauf von fünf Briefen des Frankfurter Komponisten Kurt Hessenberg (1908-1994) an das Ehepaar W. und L. Schirmer aus den Jahren 1933 und 1934 und zwei Gegenbriefen. Der musikalische Nachlass von Kurt Hessenberg befindet sich seit 1996 als Dauerleihgabe in der Universitätsbibliothek Frankfurt.

Die Gesellschaft der Freunde der Universitätsbibliothek erwarb sich nicht nur Verdienste durch Ankäufe für die Sammlungen der Abteilung Musik, Theater, Film, sondern auch durch die Finanzierung von Restaurierungsmaßnahmen. Im Jahr 2007 wurden für 3.165 € eine ganze Reihe Bände von Frankfurter Theaterzetteln aus dem 18. und 19. Jahrhundert neu eingebunden, deren Rücken sich gelöst hatten und die auseinanderzufallen drohten (28 Einheiten). So sind die einzigartigen Dokumente der Frankfurter Theatergeschichte für die Nachwelt in angemessener Weise gesichert.

Die Abteilung Musik, Theater, Film ist der Gesellschaft der Freunde der Universitätsbibliothek dankbar für ihre finanzielle Unterstützung. Ohne sie wäre es nicht möglich gewesen, die Bestände der Abteilung in sinnvoller Weise zu ergänzen, zu restaurieren und die im Symposium Anfang dieses Jahrzehnts vorgetragenen neuen Forschungsergebnisse in angemessener Form zu publizieren.

Ann Kersting-Meuleman

Vorträge vor den Mitgliedern

27.11.1985
Buckwitz, Harry:
Freiheit der Kunst, eine irreale Forderung des Künstlers nach totaler Selbstverwirklichung. Vortrag anläßlich der Ausstellung „Bühne und Bild des Frankfurter Expressionismus – Die Städtischen Bühnen 1917 – 1933"

Mai/Juni 1986
Aus Anlaß des 200. Geburtstages von Ludwig Börne organisierte die Gesellschaft der Freunde der Stadt- und Universitätsbibliothek eine Vortragsreihe mit insgesamt vier Vorträgen, die eine Ausstellung zu Leben und Werk Ludwig Börnes im Karmeliterkloster begleiteten:

13.05.1986
Oellers, Norbert: Goethe in der Kritik Börnes

27.05.1986
Klötzer, Wolfgang: Börne in seiner Vaterstadt Frankfurt

03.06.1986
Estermann, Alfred: Börne über Frankfurt

10.06.1986
Rühle, Günther: Börne als Theaterkritiker

29.10.1986
Rütten, Raimund:
Der satirische Bildjournalismus Frankreichs des 19. Jahrhunderts – Geborgene Schätze im Verborgenen

30.03.1987
Lehmann, Klaus-Dieter:
Forschung und Bibliothek – wie plant die StUB ihre Zukunft?

Am 07.09.1987 gab es bei einer Vortragsveranstaltung zum Thema „Buchrestaurierung in wissenschaftlichen Bibliotheken“ folgende Vorträge:

Geisel, Matthias: Der Buchrestaurator und seine Arbeit – Handwerk, Chemie, Buchgeschichte (mit Vorführungen)

Köttelwesch, Clemens: Restaurierungswerkstätten für Bibliotheken – Ein Programm für die Buchkultur

Pflug, Günther: Neuzeitliche Bücher und ihr kurzes Leben – Die Notwendigkeit zur Entwicklung von Massenkonservierungsverfahren

10.11.1987
Schlichte, Joachim:
Das Internationale Quellenlexikon der Musik in Frankfurt am Main

23.02.1988
Wenzel, Werner:
Die Sammlung Frankfurt – Geschichte, Bestand und Aufgaben der stadtkundlichen Sammlung in der Stadt- und Universitätsbibliothek

19.04.1988
Schäfer, Hartmut:
400 Jahre Frankfurter Musikgeschichte. Die Quellenüberlieferung in der Stadt-und Universitätsbibliothek

21.06.1988
Stollberg, Jochen:
Neue Wege zu den Quellen geisteswissenschaftlicher Forschung. Die Regionalredaktion für das „Handbuch der historischen Buchbestände“ in Frankfurt am Main

15.11.1988
Powitz, Gerhardt:
Die Frankfurter Gutenberg-Bibel

14.02.1989
Dugall, Berndt:
Bildplatten (CD-ROM) in Bibliotheken.
Einsatzmöglichkeiten, organisatorische Konsequenzen, rechtliche Fragen

26.06.1989
Buckland, Michael:
The Vanishing Catalog. Dr. Buckland stellt die These auf, daß Bibliothekskataloge – auch moderne Online-Kataloge – eine Folge der Bibliothekstechnologie des 19. Jahrhunderts sind und daß moderne Konzepte stärker auf eine bibliographische Inhaltserschließung augerichtet werden sollten, die eine Vielzahl unterschiedlicher Zugriffe erlaubt.

21.11.1989
Wolcke-Renck, Irmtraut-Dietlinde:
Literatur aus Afrika – Beschaffung, Verzeichung, Erschließung

21.02.1990
Greisner, Walter:
Vom Büchermachen – Über Buchgestaltung und Buchtypographie

15.05.1990
Wenzel, Werner:
Die Flugschriftensammlung Gustav Freytag in der Stadt- und Universitäsbibliothek

11.09.1990
Loewy, Ernst:
Die Geschichte der Frankfurter Judaica-Sammlung bis 1965

04.12.1990
Fischer, Franz:
Kontinuität und Neubeginn in der Nachkriegszeit – die Geschichte der Stadt- und Universitätsbibliothek Frankfurt am Main 1945 bis 1965

26.03.1991
Didion, Robert:
Die Frankfurter Opernsammlung

28.05.1991
Schmid Noerr, Gunzelin:
Gelehrtennachlässe in Bibliotheken. Erfassung, Erschließung, Benutzung

27.08.1991
Hofer, Karlgeorg:
Führung durch die Ausstellung Kalligraphie '91 im Klingspor-Museum

22.10.1991
Hiller, Helmut:
Neue Entwicklungen im Buchwesen

03.12.1991
Burkhardt, Helmut:
„… Meine Stiftung soll allzeit separat bleiben …"
Die Entwicklung der Senckenbergischen Bibliothek zur Universitätsbibliothek

24.03.1992
Müller-Vogg, Hugo:
Führung bei der FAZ

22.09.1992
Dedecius, Karl:
Sprache als Faktor der Vertrauensbildung (im Literaturhaus)

08.12.1992
Heuberger, Rachel:
Was mit Aron Freimann begann ... Die Entwicklung der Frankfurter Hebraica- und Judaica-Bestände seit 1965

23.03.1993
Bollwage, Max:
Mit Bildern hat es angefangen – Die Entstehung und Entwicklung des lateinischen Alphabets und der Ursprung unserer kleinen Buchstaben

29.06.1993
Schneider, Cornelia:
Blockbücher des Mittelalters. Über eine seltene Buchform des Mittelalters

14.09.1993
Mehrere Vortragende:
Bibliographie-Erstellung mit Hilfe der EDV. Berichte mit Vorführungen

30.11.1993
Fahlke, Eberhard:
... und ein Archivar würde sagen: „Alles ist da." Das Uwe-Johnson-Archiv an der Frankfurter Universität

22.03.1994
Friedrich, Sven:
Das Buch eines edlen Geistes ist der kostbarste Freund - Richard Wagner und seine Bibliotheken

16.06.1994
Bork, Heinz:
Vorstellung des neuen CD-ROM-Netzes der Stadt- und Universitätsbibliothek

04.11.1994
Festveranstaltung zum zehnjährigen Bestehen der Gesellschaft der Freunde

Greisner, Walter:
Zehn Jahre Gesellschaft der Freunde – Rückblick und Ausblick

Hoffmann, Hilmar:
Rolle und Bedeutung von Mäzenen beim Aufbau der Frankfurter Bibliotheksbestände

13.12.1994
Boehncke, Heiner:
Auf der Suche nach den Räuberinnen – Recherchen in Bibliotheken

06.04.1995
Dugall, Berndt:
Fünf Jahre „Sammlung Deutscher Drucke" – Rückblick und Ausblick

31.10.1995
Weisbecker, Walter:
Goethe und Marianne von Willemer – eine schicksalhafte Begegnung auf der Gerbermühle zu Frankfurt.

06.02.1996
Stark, Barbara:
„Ich bin zuerst einmal ein Maler ...“ Emil Rudolf Weiss – mehr als ein Buch- und Schriftkünstler

30.04.1996
Hanke, Manfred:
Schüttelreimen – ein zitatereicher Rückblick auf eine hundertjährige Geschichte

01.10.1996
Schmidt, Wilhelm R.:
Literarische Nachlässe und Archive in der StUB

12.11.1996
Heymann, Thomas:
Die Aufgaben des Verlegers im digitalen Zeitalter – Rechtsrahmen und Rechtsbedingungen

11.03.1997
Knoche, Michael:
Von der Fürstenbibliothek zur Forschungsbibliothek – Die Herzogin Anna Amalia Bibliothek in Weimar

02.12.1997
Rasch, Wolfgang:
Die Stiftung Buchkunst und die schönsten deutschen Bücher

10.02.1998
Kersting-Meuleman, Ann:
Georg Philipp Telemann in Frankfurt

14.07.1998
Braach, Mile
berichtet über das denkwürdige Leben ihres Vorfahren Capitaine Lieutenant Johann Wilhelm Abraham Jäger (1718-1790). Dessen Leistungen als Buchhändler, Verleger und Papiermacher werden vorgestellt vom **Helga Köttelwesch-Büthe**

10.11.1998
Klausewitz, Wolfgang:
Zwei außergewöhnliche Streithähne – Der Zwist zwischen Eduard Rüppell und Fürst Pückler

27.04.1999
Perels, Christoph:
Bürgerliches Wohnen – universaler Geist. Die Hausbibliothek von Goethes Vater Johann Caspar von Goethe

23.06.1999
Maly, Karl:
Die Frankfurter Stadtverordnetenversammlung von 1867 bis 1933 – altbekannte Sorgen: Theater, Wohnungsbau, Arbeitslosigkeit

28.09.1999
Klausewitz, Wolfgang:
Johann Wolfgang von Goethe und Eberhard Rüppell – unerwartete Beziehungen zwischen dem Dichterfürsten und dem Forschungsreisenden

07.12.1999
Dugall, Berndt:
Brauchen wir eine hessische Speicherbibliothek? Vortrag anläßlich des Bezugs des neuen U-Bahn-Magazins

21.03.2000
Hanebutt-Benz, Eva:
Schriftsetzer, Druckforscher, Stifter: Gustav Mori (1872–1950)

24.10.2000
Walter, Hans-Albert:
Berlin – Paris – New York. Der Weg des Frankfurter politischen Publizisten Leopold Schwarzschild (1891 – 1950) in der Epoche der Diktaturen (gemeinsam mit der Polytechnischen Gesellschaft)

27.03.2001
Roe, Stephen:
Was Musikhandschriften erzählen ... (bei Sotheby's Frankfurt)

08.10.2001
Ring, Klaus:
Mutmaßungen über die Zukunft des Lesens

11.12.2001
Scheffler, Christian:
Die unheilige Weltbibel: 500 Jahre Drucke des Tierepos „Reineke Fuchs“

19.03.2002
Kersting-Meuleman, Ann:
Die Telemann-Kantatensammlung in der Stadt- und Universitätsbibliothek Frankfurt am Main. Jahrgangscharakteristik anhand der Papiere und Schreiber

20.08.2002
Heuberger, Rachel:
Hebräischer Buchdruck und jüdischer Buchhandel in Frankfurt am Main

10.12.2002
Stork, Hans-Walter:
Ein Gebetbuch in Rollenform – zu Form und Inhalt einer ungewöhnlichen Handschrift

25.03.2003
Stollberg, Jochen:
Arthur Schopenhauer als Leser

25.11.2004
Schneider, Ulrich:
Vorstellung und Erläuterung der Ausstellung „Geschriebene Welten – Arabische Kalligraphie und Literatur im Wandel der Zeit" im Museum für Angewandte Kunst

18.04.2005
Powitz, Gerhardt:
Vorstellung von Band 12 der Frankfurter Bibliotheksschriften und Rückblick auf die Geschichte der Frankfurter Handschriftenabteilung

19.07.2005
Heuberger, Rachel:
Von Ephraim Kishon bis Amos Oz – vierzig Jahre deutsch-israelische Kulturbeziehungen

20.09.2005
Ewers, Hans-Heino:
Bildungskonzept oder Kompetenzschulung? Historische Anmerkungen zur Leseförderung

06.12.2005
Welke, Martin
Vorstellung und Erläuterung der Ausstellung „Schwarz auf Weiß. 400 Jahre Zeitung – ein Medium macht Geschichte"

08.04.2006
Stollberg, Jochen
Arthur Schopenhauer und Indien – ein Werkstattbericht
13.12.2006

13.12.2006
Proescholdt, Joachim:
Die Emporenzyklen von 1681 in Sankt Katharinen. Von Biblia pauperum und frühpietistischem Glaubensverständnis

06.03.2007
Bauer, Thomas:
„... ein ehrlicher Bürger und ein treuer Arzt". Johann Christian Senckenberg – eine Frankfurter Biographie

03.04.2007
Greisner, Walter:
HELVETICA – Die erfolgreichste Grotesk-Schrift seit 50 Jahren"

13.09.2007
Bergenthum, Hartmut:
Mit einem Mausklick zu fernen Welten – Die Übersee-sammlungen der Universitätsbibliothek zu Afrika und Ozeanien im digitalen Zeitalter

13.11.2007
Winkler, Klaus:
Der Schäfer Selidon – Friedrich Carl, Graf zu Erbach und die Musik

04.03.2008
Knoche, Michael:
Rettet die Bücher – nicht erst, wenn sie brennen (gemeinsam mit der Polytechnischen Gesellschaft)

09.04.2008
Lustiger, Arno:
Ansprache zur Eröffnung der Ausstellung „Ein Amerikaner in Frankfurt am Main. Der Mäzen und Sozialreformer Charles Hallgarten (1838-1908)"

04.09.2008
Welsch, Bernhard:
Die Erde ist flach! Historische Karten und Atlanten aus dem Bestand der Universitätsbibliothek

18.11.2008
Steinberg, Rudolf:
Zurück in die Zukunft – die Stiftungsuniversität Frankfurt

31.03.2009
Lack, Hans Walter:
Über die Königliche Gartenbibliothek in Herrenhausen (gemeinsam mit der Polytechnischen Gesellschaft)

29.09.2009
Sprang, Christian:
Das Urheberrecht und seine Mythen. Aktuelle Fragen des deutschen Urheberrechts (gemeinsam mit der Polytechnischen Gesellschaft)

Publikationen der Freunde der Universitätsbibliothek Frankfurt am Main

In der Reihe **Frankfurter Bibliotheksschriften** sind bisher die folgenden Titel erschienen:

Bd. 1:
Ludwig Börne und Frankfurt am Main.
Vorträge zur zweihundertsten Wiederkehr seines Geburtstages am 6. Mai 1986.
Frankfurt am Main: Klostermann 1987. 158 S.
ISBN 3-465-01759-5. 17,00 €

Bd. 2:
Die Rothschild'sche Bibliothek in Frankfurt am Main.
Red. Jochen Stollberg.
Frankfurt am Main: Klostermann 1988. 188 S.
ISBN 3-465-01833-8. 18,00 €

Bd. 3:
Gerhardt Powitz
Die Frankfurter Gutenberg-Bibel. Ein Beitrag zum Buchwesen des 15. Jahrhunderts.
Frankfurt am Main: Klostermann 1990. 144 S.
ISBN 3-465-02231-9. 14,00 €

Bd. 4:
Rachel Heuberger
Bibliothek des Judentums. Die Hebraica- und Judaica-Sammlung der Stadt- und Universitätsbibliothek Frankfurt am Main – Entstehung, Geschichte und heutige Aufgaben.
Frankfurt am Main: Klostermann 1996. 230 S.
ISBN 3-465-02863-5. 19,00 €

Bd. 5:
Gerhardt Powitz
Die Bibliothek des Franziskanerklosters in Frankfurt am Main: kirchliches und städtisches Bibliothekswesen im Übergang vom Mittelalter zur Neuzeit.
Frankfurt am Main: Klostermann, 1997. 149 S.
ISBN 3-465-02703-5. 15,00 €

Bd. 6:
Peter Bichsel [u.a.]
Wenn Schreibende reden ...: Gespräche zur Frankfurter Gastdozentur Poetik.
Frankfurt am Main: Klostermann, 1998. 155 S.
ISBN 3-465-02750-7. 16,00 €

Bd.7:
Carl Paschek
Das Goethe-Bild der Postmoderne 1975-1999 in Büchern und elektronischen Medien: Begleitschrift zur Ausstellung der Stadt- und Universitätsbibliothek zum Goethe-Jubiläum 1999.
Frankfurt am Main: Klostermann, 1999. 142 S.
ISBN 3-465-03049-4. 14,00 €

Bd. 8:
Das Utopische soll Funken schlagen: zum hundertsten Geburtstag von Leo Löwenthal. Hrsg. von Peter-Erwin Jansen.
Frankfurt am Main: Klostermann, 2000. 200 S.
ISBN 3-465-03117-2. 19,00 €

Bd. 9:
Sabine Brenner, Gertrude Cepl-Kaufmann, Martina Thöne,
Ich liebe nichts so sehr wie die Städte ... Alfons Paquet als Schriftsteller, Europäer, Weltreisender.
Frankfurt am Main: Klostermann 2001. 191 S.
ISBN 3-465-03174-1. 19,00 EURO

Band 10:
Frankfurter Handschriftenschätze. Die schönsten illustrierten Handschriften aus dem Bestand der Stadt- und Universitätsbibliothek Frankfurt am Main. Ausgewählt und beschrieben von Bernhard Tönnies.
Frankfurt am Main: Klostermann 2003. 111 S.
ISBN 3-465-03278-0. 24,00 €

Band 11:
Irmtraud-Dietlinde Wolcke-Renk
Afrika südlich der Sahara (SSG 6,31): aus der Afrika-Abteilung der Stadt-und Universitätsbibliothek Frankfurt am Main
Frankfurt am Main: Klostermann, 2004. 73 S.
ISBN 3-465-03356-6. 14,00 €

Band 12:
Gerhardt Powitz
Handschriften und frühe Drucke. Ausgewählte Aufsätze zur mittelalterlichen Buch- und Bibliotheksgeschichte.
Frankfurt am Main: Klostermann 2005. VI, 230 S.
ISBN 3-465-03423-6.19,00 €

Band 13:
»Das Tier, das du jetzt tötest, bist du selbst ...«.
Arthur Schopenhauer und Indien. Begleitbuch zur Ausstellung anläßlich der Buchmesse 2006. Zusammengestellt und herausgegeben von Jochen Stollberg.
Frankfurt am Main: Klostermann 2006. 174 S.
ISBN 3-465-03515-1. 17,00 €

Band 14:
Ein Amerikaner in Frankfurt am Main. Der Mäzen und Sozialreformer Charles Hallgarten (1838-1908).
Begleitbuch zur Ausstellung aus Anlaß des 100. Todestags in der Frankfurter Universitätsbibliothek 9. April bis 6. Juni 2008. Herausgegeben von Rachel Heuberger und Helga Krohn unter Mitwirkung von Maike Strobel.
Frankfurt am Main: Klostermann 2008. 118 S.
ISBN 978-3-465-03589-3. 14,00 €

Als **Einzeldrucke** hat die Gesellschaft veröffentlicht:

Die freie Stadt Frankfurt am Main nebst ihren Umgebungen: ein Wegweiser für Fremde und Einheimische.
Neudruck der Ausgabe Frankfurt am Main 1843 / mit einem Nachwort von Alfred Estermann.
Frankfurt am Main : Gesellschaft der Freunde der Stadt- und Universitätsbibliothek, 1991. XII, 140 S. 12,00 €

Das Pagenstecher-Album
Eine Sammlung persönlicher Dokumente aus der Frankfurter Nationalversammlung von 1848.
Hrsg. von der Gesellschaft der Freunde der Stadt- und Universitätsbibliothek Frankfurt am Main e.V.
Frankfurt am Main 1994. 262 S. [Vergriffen]